부자가 천국 가는 法

옮긴이 **양상모**

연세대학교 사학과를 졸업하고 줄곧 출판 편집 일을 해왔으며 지금은 출판과 번역을 병행하고 있다. 옮긴 책으로는 『카라얀 평전』, 『탈성장사회』, 『워터게이트』 등이 있다.

부자가 천국 가는 法
보수와 진보를 대표하는 거장들의 불평등에 관한 논쟁

1판 1쇄 찍음 2015년 1월 26일
1판 1쇄 펴냄 2015년 1월 30일

지은이 폴 크루그먼, 게오르기오스 파판드레우, 뉴트 깅리치, 아서 래퍼
옮긴이 양상모
펴낸이 이옥정
펴낸곳 오래된생각

주　소　서울시 마포구 월드컵북로 38길 54, 101-801호
전　화　070-8281-7011
팩　스　070-4898-7012
이메일　osaengbooks@hanmail.net
등　록　제2012-000315호(2012년 10월 4일)

ISBN 979-11-952828-2-1   03300

값은 뒤표지에 있습니다. 잘못된 책은 바꾸어 드립니다.

이 도서의 국립중앙도서관 출판예정도서목록(CIP)은 서지정보유통지원시스템 홈페이지 (http://seoji.nl.go.kr)와 국가자료공동목록시스템(http://www.nl.go.kr/kolisnet)에서 이용하실 수 있습니다.(CIP제어번호: CIP2015001833)

부자에게 세금을 더 거둬야 하는가?
보수와 진보를 대표하는 거장들의 불평등에 관한 논쟁

부자가 천국 가는 法

폴 크루그먼, 게오르기오스 파판드레우
VS
뉴트 깅리치, 아서 래퍼

러디어드 그리피스 엮음
양상모 옮김

오래된
생각

SHOULD WE TAX THE RICH MORE? Pro: Paul Krugman and
George Papandreou. Con: Newt Gingrich and Arthur Laffer.
: The Munk Debate on Economic Inequality
Copyright © 2013 Aurea Foundation
"Newt Gingrich, Paul Krugman, and Arthur Laffer in Conversation," by Howard Green.
Copyright © 2013 BNN
Published by arrangement with House of Anansi Press, Toronto, Canada.
www.houseofanansi.com
All rights reserved.

Korean Copyright © 2015 Ancient Thoughts Publishing Co.
Published by arrangement with House of Anansi Press, Toronto, Canada
Through Bestun Korea Agency, Seoul, Korea.

이 책의 한국어 판권은 베스툰 코리아 에이전시를 통하여
저작권자와 독점 계약한 오래된생각에 있습니다.
저작권법에 의해 한국 내에서 보호를 받는 저작물이므로
어떠한 형태로든 무단전재와 무단복제를 금합니다.

피터 멍크로부터 온 편지

멍크 디베이트(캐나다 최고의 공공 정책 토론_옮긴이)를 시작한 후 제 아내 멜라니 멍크와 저는 이 논쟁들이 대중의 상상력을 이끌어내는 속도에 대단히 만족하고 있습니다. 2008년 5월에 처음 시작한 이래 우리는 캐나다와 전 세계에서 몇 안 되는 가장 흥미로운 공공 정책 논쟁 중 하나를 주최할 수 있었다고 저는 생각합니다.

분명코 전 지구적인 멍크 디베이트는 인도주의적 개입, 대외 원조의 효과, 지구 온난화의 위협, 지정학상 종교의 영향, 중국의 부상, 유럽의 쇠퇴 같은 이슈들을 다루어왔습니다. 이 매력적인 주제들은 헨리 키신저를 비롯해 토니 블레어, 크리스토퍼 히친스, 폴 크루그먼, 피터 만델슨, 파리드 자카리아에 이르기까지 세계에서 가장 중요한 사상가들과 실천가들에게 지적, 윤리적 원동력이었습니다.

우리가 이 프로그램을 시작한 이유와 멍크 디베이트가 캐나다 토론토에서 시작되어야 한다고 강하게 믿는 이유에 대해 몇 마디 말씀드리도록 하겠습니다.

저는 이 나라에서 태어나지 않은 캐나다인이지만 이 나라는 팔을 벌려 저를 받아들였고 끝없는 기회를 제공하고 있습니다. 그런 저는 캐나다가 세계정세에 중요한 참가자여야 한다고 강하게 믿고 있습니다. 그것이 멜라니와 제가 제 모교인 토론토 대학에 국제학 멍크스쿨이 설립되는 데 도움을 준 가장 큰 이유입니다.

그것은 저희 오리아 재단이 멍크 디베이트를 시작하게 만들어준 바로 그 생각입니다. 우리는 우리 시대의 가장 중요한 국제적인 이슈들을 다루기 위해 가장 뛰어난 지성인들과 논객들의 마음을 사로잡는 포럼을 개최하고, 다양한 청중이 이러한 논쟁을 접할 수 있도록 하고 싶었습니다. 그리고 우리는 세계의 경제적, 지적, 도덕적 리더로서의 캐나다의 확대되는 역할을 확인해주는 이와 같은 국제적인 토론의 중심에 토론토를 두고 싶었습니다.

멜라니와 저는 멍크 디베이트가 우리의 자선 활동의 사명과 정신을 실현하는 데 상당한 진전을 이루어낸 것에 대해 매우 기쁘게 생각합니다. 논쟁에서 제기된 이슈는 대중의 의식을 일깨울 뿐만 아니라, 우리 모두가 더 깊이 관계하게 거들어 그 결과 세계화의 발상에 의해 위협받는 일이 줄어들게 하고 있습니다.

안으로 시선을 돌리는 것은 매우 쉽습니다. 외국인을 혐오하는 것은 매우 쉽습니다. 민족주의적인 것은 매우 쉽습니다. 그러나 미지의 세계로 들어가는 것은 어렵습니다. 많은 사람들에게 세계화는 기껏해야 추상적인 개념입니다. 이러한 논쟁은 세계화의 힘, 그 좋고 나쁨, 인류 역사에서 우리의 시대를 정의하는 부수적인 지정학적 문제에 좀 더 적극적인 참여를 장려하기 위한 것입니다.

이 논쟁 시리즈의 목적은 사람들이 빠르게 변화하는 세계에 더 익숙한 느낌을 갖도록 돕고, 우리의 공동 미래를 결정할 이슈 및 중대사에 대한 국제적인 토론에 참여하는 데 더 편안한 환경을 만들어 주는 것입니다. 오늘날 필수적인 것은 우리 자신, 특히 젊은 사람들이 기술과 성향을 갖추어 국제 문제에 종사하는 중요한 참가자가 되는 것입니다.

뜨거운 이슈가 산적해 있는 것을 굳이 말씀드릴 필요는 없다고 생각합니다. 지구 온난화에 대해 이야기하든 극심한 빈곤이나 집단학살, 흔들리는 국제 금융 질서에 대해 이야기하든, 많은 사람들에게 문제가 되는 중대한 이슈가 많습니다. 그리고 이러한 중대 이슈에 대한 공개 토론의 질은, 저와 오리아 재단 이사회가 볼 때 우리의 관심을 촉구하는 이러한 이슈들의 중요성과 그 수에 정비례하는 것 같습니다.

이러한 논쟁들은 국제적인 대화에서 결정적인 순간에 가장 중요한 문제를 강조함으로써 총명하면서도 누구 못지않게 관심이 많은 세계 시민들의 생각과 해법을 이끌어낼 뿐만 아니라 대중의 열정과 지식을 구체화합니다. 그리하여 인류가 직면한 전 지구적 도전 과제를 해결하는 데 도움을 줄 것입니다.

중요한 것은 이 논쟁들이 캐나다를 포럼의 장으로 만드는 데 기여한다는 것이며, 그 포럼에서 캐나다인과 국제 사회는 세계 최고 수준의 사상가들이 그날의 가장 큰 이슈에 대해 서로 설전을 펼치는 것을 관찰할 수 있다는 것입니다.

도전하면 우리의 능력이 최고조로 발휘된다는 것을 저는 삶에서 배웁니다. 많은 분들이 이와 같이 생각한다고 확신합니다. 저는 이러한 논쟁의 참가자는 세계가 직면한 중요한 문제에 대해 서로에게 대답을 요구할 뿐만 아니라 우리 각자에게 명확하고 논리적으로 생각할 것을 요구한다는 것을 여러분이 공감하실 것이라고 믿어 의심치 않습니다.

감사합니다.

캐나다 토론토에서
오리아 재단 설립자
피터 멍크

차 례

피터 멍크로부터 온 편지 _ 5

서문: 글로벌한 주제로서의 부자증세

부자증세 찬성론자 _ 13
부자증세 반대론자 _ 15
왜 지금 부자증세인가 _ 17
래퍼 곡선과 레이거노믹스 _ 18
부자는 증세에 민감하다 _ 20
불평등의 확대로 부자증세는 불가피하다 _ 21
클린턴 행정부와 그리스의 경험 _ 23
보수든 진보든 빼놓을 수 없는 이슈 _ 25

1. 부자에게 세금을 더 거둬야 하는가
   - 불평등 경제에 관한 논쟁

토론 전 찬반 투표 결과는? _ 28

폴 크루그먼의 논점 _ 31

뉴트 깅리치의 논점 _ 36
게오르기오스 파판드레우의 논점 _ 41
아서 래퍼의 논점 _ 46

성공한 사람을 벌주고 싶은가 _ 51
누구를 위한 정부인가 _ 53
세율인가 세제 개혁인가 _ 55
부족한 것은 돈인가 정부의 능력인가 _ 57

세제를 통해 시민들에게 힘을 주자 _ 59
돈이 없기 때문에 정부는 일을 할 수 없다 _ 61
불필요한 세출은 많지 않다 _ 62
국방비를 20% 삭감해도 문제없다 _ 64

푸드 스탬프 등이 공격받고 있다 _ 66
자유로운 사회를 위해 증세가 필요하다 _ 68
부자증세는 경제를 죽인다? _ 70
세율을 올리면 국민이 도망간다? _ 71
딱 73%의 세금을 거둘 것인가 _ 73

중국의 성장은 불평등의 소산 _ 75
중국의 성장 모델은 잘못된 것인가 _ 76
중국의 문제는 성장의 부산물 _ 78
불평등 정책으로 경제는 성장하지 않는다 _ 79

불완전한 세제를 놔두고 세율을 올리지 마라 _ 81
버핏이 낸 세금은 적절한가 _ 82
인적 투자의 선순환을 위해 돈이 필요하다 _ 84
자유와 국가, 어느 쪽을 우선시할 것인가 _ 86
중산층 사회를 다시 목표로 하자 _ 88

정리: 어느 쪽이 승리했을까? _ 91

2. 깅리치와의 대화
- 돈을 빼앗아가는 큰 정부가 문제다

정부는 돈을 빼앗아간다? _ 95
부자들은 세금을 회피할 수단을 찾는다 _ 97
TV는 싸지고 의료비는 비싸다. 정부가 관여한 것은 어느 쪽인가 _ 99
일률 과세는 고소득자나 저소득자나 공정하다 _ 101
원유와 가스를 개발하면 증세는 필요 없다 _ 103
사실 불평등은 확대되지 않았다? _ 105
탄소세에 반대한다 _ 107

3. 크루그먼과의 대화
- 부자는 세율 70%도 문제없다

부유층에 대한 세율이 너무 낮다 _ 111
70%의 최고 세율에도 세수는 줄어들지 않는다 _ 112
대규모 세금 회피도 일어나지 않는다 _ 114
의욕 상실에 대한 우려는 역사적으로도 틀렸다 _ 115
왜 많이 버는 사람이 적게 버는 사람을 지원해야 하는가 _ 117
일률 과세의 문제는 무엇인가 _ 118
탄소세를 지지한다 _ 120
당신은 세금을 더 내고 싶은가 _ 122

4. 래퍼와의 대화
- 모든 소득에 일률적으로 과세하라

세율을 높이면 세수는 준다? _ 126
법인세, 자본세 폐지하고 12% 일률 과세 _ 128
나라면 금융위기를 방치했을 것이다 _ 129
세금은 더 내야, 그러나 세율은 올리지 않고 _ 131
모든 소득과 기부금에도 일률 과세 _ 133
70% 최고 세율을 어떻게 생각하는가 _ 134
증세는 탈세범을 만든다? _ 136
불평등의 해소는 고용 창출로 _ 137
필요한 정책은 경제성장이 필수 _ 140
낮은 일률 과세에 부자도 응분의 부담을 질 것이다 _ 141

감사의 말 _ 145
디베이트 참가자 소개 _ 147
디베이트 사회자 소개 _ 150
멍크 디베이트에 대해 _ 151
인터뷰 소개 _ 153
옮긴이의 말 _ 154

서문: 글로벌한 주제로서의 부자증세

논쟁은 적절한 논객이 적절한 시기에 적절한 논제에 대해 말할 때 진정으로 좋은 것이 된다. 부유층에 대한 증세를 다룬 이번 논쟁은 그 모든 점에서 기대 이상이다.

부자증세 찬성론자

"부자에게 세금을 더 거둬야 하는가?"라는 토론 주제에 찬성의 주장을 전개하는 쪽은 폴 크루그먼(Paul Krugman)과 게오르기오스 파판드레우(George Papandreou)로 이루어진 강력한 팀이다.

이 시대 최고의 지식인으로 일컬어지는 폴 크루그먼 교수는 국제무역과 경제지리학에 관한 독창적인 연구로 2008년 노벨 경제학

폴 크루그먼

게오르기오스 파판드레우

상을 수상했다.

프린스턴 대학교에서 경제학과 국제관계론을 가르치면서 《뉴욕 타임스》에 정치와 경제를 논하는 칼럼을 쓰고 블로거로서도 명성이 높다. 『지금 당장 이 불황을 끝내라!(End This Depression Now!)』, 『불황의 경제학(The Return of Depression Economics and the Crisis of 2008)』 등 2008년 금융 위기와 그 여파를 다룬 책을 여러 권 낸 베스트셀러 작가이기도 하다.

크루그먼의 풍부한 학식을, 쉽게 얻을 수 없는 실제 경험으로 보완하는 역할은 그리스 전 총리 파판드레우의 몫이다.

그는 평생을 바쳐 온 정치 활동에서 정부의 정책에 관한 실제적인 지식을 몸에 익혀 왔다. 총리가 되어 경력에 정점을 찍은 것은 유럽과 그리스가 금융 위기의 수렁에 빠진 시기였다.

또한 파판드레우는 2006년부터 세계 각국의 사회민주당과 사회당, 노동당이 가입한 사회주의 인터내셔널(사회민주주의를 표방하는

뉴트 깅리치

아서 래퍼

정당의 국제조직_옮긴이)의 의장을 맡고 있다. 캐나다와 미국에서 교육을 받은 그는 그리스 최악의 해에 최선의 대처를 했다는 평가를 받아 미국의 외교 전문 격월간지 《포린 폴리시(Foreign Policy)》가 선정한 '100대 글로벌 사상가'에도 이름을 올렸다.

부자증세 반대론자

우수한 토론 팀에는 우수한 상대가 필요하다. 우리는 다행히 뉴트 깅리치(Newt Gingrich)와 아서 래퍼(Arthur Laffer)를 초대할 수 있었다.

그들은 "부자에게 세금을 더 거둬야 하는가?"라는 논제에 반대 논리를 펼칠 수 있는 강력한 콤비이며, 크루그먼과 파판드레우에 뒤지지 않는 풍부한 지식과 경험을 가지고 있다.

뉴트 깅리치는 전 미국 연방 하원의장으로 공화당의 대통령 후보 경쟁에 두 번 출마했다. 《워싱턴 타임스》는 그를 "없어서는 안 될 리더"라고 했다. 공화당의 정책 강령인 '미국과의 계약'이라는 보수주의 공약을 설계하고, 1994년 중간선거에서 공화당이 약 40년 만에 하원 다수당 자리를 차지하도록 한 것으로 유명하다.

하원의장직에 있던 1990년대 후반에는 당시의 빌 클린턴 대통령 집권 하에서 2년 연속 균형 예산(세입과 세출이 균형을 이뤄 공채 발행 등을 하지 않아도 되는 예산_옮긴이)을 통과시켰다. 이것은 미국에서 40년 넘게 없었던 일이다.

전형적인 정치인과는 달리 깅리치는 책도 24권이나 썼다. 그중 14권(픽션과 논픽션)은 《뉴욕 타임스》 베스트셀러 목록에도 올랐다. 공공 정책에 대한 시사평론가이며, 현재는 CNN의 정치·시사 프로그램 '크로스파이어(Crossfire)'의 공동 진행을 맡고 있다.

"부자에게 세금을 더 거둬야 하는가?"라는 토론에서는 찬성파와 반대파 양쪽이 역사적인 선례를 주요 근거로 제시했다. 그것을 감안하면 공급 중시 경제학의 아버지로 일컬어지는 아서 래퍼만큼 깅리치의 파트너로 잘 어울릴 인물이 또 있을까.

로널드 레이건 대통령의 경제 고문을 지낸 래퍼는 《타임》지에 의해 '20세기의 가장 위대한 인물' 중의 하나로 선정됐다. 래퍼 곡선을 주창하고 세율을 낮추면 경제 활동이 활발해져서 정부의 세수도 증가한다고 주장했다. 『번영의 종말: 증세가 어떻게 경제를 죽이는가?(The End of Prosperity: How Higher Taxes Will Doom the

Economy - If We Let It Happen)』의 공동 저자이며, 래퍼 연구소의 소장이다.

왜 지금 부자증세인가

풍부한 경험과 지식이 있는 논객만큼이나 기지와 지력 싸움을 벌이는 것 또한 중요하다. 하지만 그것이 훌륭한 논쟁이 될지 아니면 그럭저럭 괜찮은 논쟁에 그치고 말지는 토론에 활기를 불어 넣을 만한 논제가 설정되었는가 그리고 논쟁이 전체적으로 대중의 논의를 이끌어낼 수 있는가에 달려 있다.

이것만은 분명히 말할 수 있다. 유럽과 북미의 대부분의 선진국 정부에서 "부자에게 세금을 더 거둬야 하는가?" 하는 것은 주요 검토 과제가 되고 있다. 거기에는 그만한 이유가 있다.

금융 위기와 결합된 경제 위기로, 증가하는 공공 부채와 만성 적자를 해결할 경제 성장을 더 이상 기대할 수 없게 되었고, 유럽과 북미의 많은 사람들이 당연시한 복지 정책의 지속 가능성에 의문이 제기되었다. 빈곤층과 중산층의 소득이 정체된 반면 최상위의 부유층은 거액의 자산 소득(예금 이자와 주식 배당 등_옮긴이)을 누리고 있다. 그런 점을 감안하면 부유층에 대한 증세를 통해 적절한 부의 재분배를 실시하는 것은 현명한 공공 정책일 뿐만 아니라 기본적인 공정성의 문제인 것으로 보인다.

경제적 불평등이 점점 커지고 있는 것에 대한 우려를 감안하면서 아서 래퍼와 뉴트 깅리치는 분명 어려운 싸움을 해야 했다(토론 직전에 3,000명의 방청객 가운데 58%가 이 논제에 찬성을 했다).

하지만 이 수치를 바탕으로 폴 크루그먼과 게오르기오스 파판드레우의 압도적인 승리를 예상하는 사람이 있다면, 그들은 멍크 디베이트의 기본적인 특성을 간과한 것이다. 이것은 예측할 수 없는 이벤트다. 승부는 2시간의 토론 동안 논객이 얼마나 능숙하게 자기 의견을 주장하고 상대팀에 반격을 가하는가에 전적으로 달려 있다.

래퍼 곡선과 레이거노믹스

이 광범위하고 뜨거운 논쟁 속에서 각 팀은 부유층에 대한 증세에 찬성 내지 반대하는 논거를 상세하게 제시했다. 반대파의 두 사람이 박력 있게 '증거품 A'로 제출한 것은 아서 래퍼가 자신의 이름을 붙인 래퍼 곡선이었다.

방청객에게 설명한 대로 래퍼 곡선의 한쪽 끝은 세율 0%이고, 여기에서는 일체의 세수가 없어진다. 반대쪽 끝은 세율 100%이고, 거기 또한 세수가 들어오지 않는다. 창출된 부가 모두 정부에 의해 몰수된다면 모든 경제 활동은 중단될 것이기 때문이다. 따라서 상식적으로 생각하면 세율 0%와 세율 100% 사이의 어딘가에서 세수가 최대치를 보이는(래퍼 곡선이 정점을 이루는) 세율이 있을 것이다.

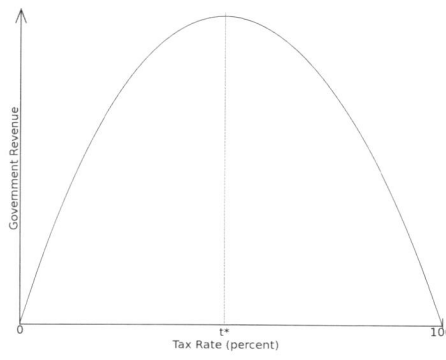

래퍼 곡선(가로축: 세율, 세로축: 세수, t*: 세수가 최대가 되는 세율) 레이건의 대통령 후보 시절, 래퍼가 어느 날 워싱턴의 한 음식점에서 냅킨에 곡선을 그려 보이며 세율을 낮춰도 세수가 증가할 수 있다는 논리를 전개하면서 유명해졌다는 일화가 있다. 그러나 이 논리에 따라 레이건이 부자감세를 단행했지만 결과적으로 GDP 대비 세수 비중은 줄고 거대한 재정적자를 안게 되었다는 평가를 받아 래퍼의 주장과는 다른 점이 있다._옮긴이.

논쟁에서 아서 래퍼가 역설한 것은 감세를 해도 단순 계산으로 예상할 수 있는 것보다 세수가 줄어들지 않는다는 것이었다(예를 들어, 세율을 50% 줄여도 세수가 반으로 되는 것은 아니다). 이것은 감세의 자극 효과에 의한 것으로 생각된다. 그 결과 사람들이 경제 활동을 활성화시킴으로써 과세 대상도 늘어날 것이라고 했다.

래퍼 곡선의 실제 사례로 자주 인용된 것이 1980년대다. 당시 아서 래퍼는 로널드 레이건 대통령의 경제 고문이었다. 래퍼와 뉴트 깅리치가 거듭 주장한 대로 레이건 대통령이 최고 세율을 70%에서 30%로 인하했음에도 불구하고, 1980년부터 1990년까지 연방정부의 세수는 거의 두 배로 증가했다.

아서 래퍼와 뉴트 깅리치 같은 레이거노믹스(로널드 레이건 미국 대통령(1981~1989년 재임)이 채용한 자유주의적 경제 정책. 감세와 규제 완화를 주축으로 했다._옮긴이)의 옹호자들에게 증세란 의도하지 않은 역

효과를 초래하는 것이다. 세율을 올려도 세수는 단순 계산이 제시하는 것보다 더 완만하게 증가한다. 이것은 위험을 감수하고 자본을 투자해 생산 또는 고용을 늘리려는 의욕이 상실되기 때문이다.

부자는 증세에 민감하다

래퍼도 깅리치도 이 메커니즘이 가장 강하게 작동하는 부류는 최상위 부유층 사람들이라고 말한다. 원래 세금 부담이 큰 그런 층일수록 증세에 더 민감하다. 최상위 부유층들은 정부에 세금 증가분을 납부하는 대신 회계사나 변호사를 고용하여 절세를 도모하거나 투자와 자본 지출을 줄여 경제 활동에 악영향을 미칠지도 모른다.

　래퍼에게 세율, 정부의 세수, 경제 활동의 상호작용에 대한 설명을 들은 결과, 적지 않은 방청객이 '부자에게 증세를 하면 정부의 세수는 단번에 상승하고, 경제성장은 촉진될 것이다'라는 생각을 고쳐야만 했다.

　뉴트 깅리치는 지금 미국의 정치 현장에서 중심 과제가 된 증세 반대의 도덕적 측면을 환기시킴으로써 논쟁에 공헌했다. 그는 선진국에서 공정성과 사회적 평등의 문제를 경시하는 것은 아니라고 하면서도, 그런 문제들은 세금을 논의하는 데 있어서 핵심은 아니라고 단정했다.

　뉴트 깅리치에게 "과세하는 힘은 강제하는 힘"이라는 말은 세제를 논의할 때 궁극적으로 문제가 되는 유일한 원리다. 그의 관점에서 부유층에 대한 증세는 사회 안팎에 분명하고 부정적인 메시지를 전하는 것이다. 정부가 부유층만을 골라 특별세를 부과한다면, 그것은 "성공하면 벗겨가겠다"고 말하는 것과 동일하다고 깅리치는 대놓고 말했다.

논쟁을 벌이는 동안 깅리치는 마이크로소프트의 빌 게이츠와 투자자 워런 버핏을 예로 들어 그들의 회사가 벌어들이는 막대한 부가 그들 자신뿐만 아니라 다른 사람들을 위한 것이었다고 지적했다. 깅리치는 부자라는 이유만으로 그들의 세금을 올린다면, 빌 게이츠와 워런 버핏 유형의 차세대들이 의욕을 잃고 부를 창출하기 위해 그들의 노동력과 자본을 투자하려 하지 않을 것이라고 주장했다.

이러한 유형의 트리클다운 이론(낙수 효과. 대기업과 부유층이 성장하면 위에서 아래로 물방울이 떨어지는 것처럼 중소기업과 중산층 이하의 사람들에게도 혜택이 돌아간다는 경제이론_옮긴이)은 반박을 받기도 했지만 저조한 생산성 증가와 높은 실업률 등 경기 회복의 지연을 나타내는 지표에 민감한 방청객에게 일정한 공감을 얻었다는 것도 의심할 여지가 없었다.

불평등의 확대로 부자증세는 불가피하다

그러나 부자증세에 반대하는 이런 주장은 과연 충하한 설득력을 가지는 것일까. 선진국 사회에서는 경제적 불평등의 확대를 비판하는 목소리가 높아지고 있다. 또한 2008년 금융 위기에 뒤따른 경제 정책으로 부유층이 부당하게 이득을 보고 중산층과 저소득층은 그렇지 못하다고 느끼는 사람이 늘고 있다.

격렬한 논쟁을 통해 폴 크루그먼과 게오르기오스 파판드레우는 부유층에 대한 증세가 공정성과 실제성의 관점에 비추어 불가피함을 거듭 강력하게 호소했다.

논쟁을 시작하자마자 폴 크루그먼은 조금도 주저하지 않고 래퍼 곡선을 비판하고 증세하면 경제성장이 둔화된다는 진단을 부정했다. 단 크루그먼도 최고 세율을 끝없이 높이면 정부의 세수가 언젠가는 감소세로 돌아서고 경제 활동도 저하된다는 점에서는 아서 래퍼와 같은 의견이었다.

폴 크루그먼은 자신과 그 밖의 다른 경제학자의 연구를 참고로 부유층의 세율은 70~80% 또는 적어도 경제협력개발기구(OECD) 회원국 평균인 40%를 크게 웃도는 수준으로 해야 한다고 주장한다.

최고 세율을 올림으로써 얻을 수 있는 경제적 이익은 무시하기 어려울 만큼 크다는 것이 노벨상 수상자의 생각이다. 세율을 인상하면 노동과 투자에 대한 의욕이 떨어지고 경제성장이 둔화된다거나 마이너스 성장이 된다거나 하는 뉴트 깅리치의 의견에 폴 크루그먼은 강하게 반대했다.

클린턴 행정부와 그리스의 경험

1980년대에는 세율을 낮추고도 정부의 세수가 늘었다는 아서 래퍼의 지적에 대해 폴 크루그먼은 빌 클린턴 행정부의 상황을 예로 들어 반박했다. 클린턴은 첫 번째 임기 중에 증세를 단행했지만 경제성장을 둔화시키기는커녕 첫 2년 동안 매월 약 25만 개의 새로운 일자리를 만들었다.

폴 크루그먼에게 클린턴의 재임 기간은 트리클다운 경제학에 대한 반증에 다름 아니다. 그는 이렇게 말했다. "(클린턴 정권 하의) 상위 1%의 부유층에 대한 실효 세율은 아버지 부시 정권 또는 아들 부시 정권 하의 어느 연도보다도 높았습니다. 높은 세율에도 불구하고 미국 경제는 급성장을 경험했죠."

방청객은 폴 크루그먼이 말한 낙관론에 분명 마음이 끌렸다. 즉 부자의 세금을 올려 그 재원을 사용하여 빈곤층과 중산층을 위한 양질의 공공 서비스에 투자하고 소비 주도형 경제성장을 순조롭게 달성한다는 생각이다.

그런 크루그먼의 주장을 바탕으로 하여 파판드레우는 조국 그리스가 재정 위기에 빠질 때까지의 과정을 이야기하며, 경제뿐만 아니라 사회적 연대의 관점에서도 부유층에 대한 증세가 필요하다고 역설했다.

특히 파판드레우가 청중에게 경계를 촉구한 것은 그리스의 부유층이 경제력 이상의 힘을 쥐고 있었다는 것이다.

그리스에서는 세제는 물론이고 정치와 법 시스템까지 최상위층이 의미 있는 부의 재분배를 방해하는 것을 허용했다.

그 결과 재정 적자는 해마다 늘고 공적 채무는 팽창했다. 이익을 내는 기업도 줄어들고 세수를 늘리기는커녕 정부가 세출에 걸맞은 세금을 징수하는 것조차 뜻대로 되지 않았다.

파판드레우가 토론하는 동안 솔직하게 언급했듯이 "그리스는 트리클다운 경제 대신에 트리클아웃(경제성장의 혜택이 밖으로 샌다는 의미_옮긴이) 경제에 빠진" 것이었다.

파판드레우 같은 사회주의 정치인에게 과세는, 특히 부유층에 대한 과세는 평등한 사회를 구축하기 위한 기본 요건이다.

다시 말해 경제적 불평등을 허용함으로써 번영과 생산성, 기술혁신에 대한 자극 효과를 얻기보다는 미래 사회의 건전성(그것은 교육 수준과 개인의 행복도, 평균 수명 등의 지표로 측정된다)을 확보하는 것이 중요하다는 것이다.

"우리 사회에는 더 평등한 사회, 더 공정한 경제를 원하는 민주적인 요구가 있다"고 그는 주장했다.

파판드레우와 깅리치의 상반된 철학은 유럽과 북미의 이데올로기적인 접근의 차이를 많이 반영하고 있다. 유럽과 북미는 지난 수십 년간 경제성장과 사회 발전의 균형을 어떻게 가져갈 것인가에 대해 의견을 달리해 온 것이다.

이처럼 대조적인 견해가 동시에 같은 단상에서 교차했다. 청중에게 그것은 이번 논쟁 중에서도 가장 흥분되고 가장 많은 생각을 하게 하는 설전이었을 것이다.

보수든 진보든 빼놓을 수 없는 이슈

끝으로, 훌륭한 논쟁을 정의하는 것은 다루어지는 논제 자체의 무게만은 아니다. 더 광범위한 대중적 논의의 양상과 활용방법에 따라 그 논쟁이 갖는 극적 효과와 영향력은 달라진다.

'오큐파이 월스트리트(월가 점령)' 운동(세계적인 금융가인 뉴욕 월스트리트에서 2011년 9월에 시작된 항의 시위. 참가자들은 근처의 공원을 점거하고 시위를 하면서 상위 1%의 부유층에 부가 집중되는 현상에 대한 개혁을 호소했다_옮긴이)을 논하든 정부의 정책과 법제를 논하든 급변하는 글로벌 경제에서 어떻게 경제적 번영을 이뤄나갈 것인가 하는 대국적인 문제를 논하든 간에 "부자에게 세금을 더 거둬야 하는가?"라는 논쟁은 당분간 빼놓을 수 없는 이슈다.

우리 멍크 디베이트의 모든 관계자는 이 책이 이렇게 중요한 공공 정책에 관한 논의에 일조하기를 바란다.

디베이트는 다른 형식의 강연이나 논문 등과 마찬가지로 특정 토론과 문제에 대한 폭넓은 - 때로는 극단적인 - 견해를 제시한다. 우리의 임무는 이러한 다양한 의견에 마음을 열고 정보를 얻은 후

자기 나름의 결론을 내리는 것이다. 그리고 그에 따라 자신과 서로의 더 나은 미래를 위해 행동하는 것이다.

캐나다 토론토에서
멍크 디베이트 기획 겸 사회자
러디어드 그리피스

1. 부자에게 세금을 더 거둬야 하는가

2013년 5월 30일
캐나다 토론토

찬성

폴 크루그먼

게오르기오스
파판드레우

불평등의 확대로
부지증세는 불가피하다

반대

뉴트 깅리치

아서 래퍼

부지증세는 경제를 죽인다

VS

불평등 경제에 관한 논쟁

그리피스 신사 숙녀 여러분, 멍크 디베이트에 오신 것을 환영합니다. 이번에 채택한 논제는 불평등 경제의 문제입니다. 저는 러디어드 그리피스입니다. 멍크 디베이트의 기획자이며 오늘 토론의 사회자이기도 합니다.

토론 전 찬반 투표 결과는?

먼저 방청객 여러분께 환영의 인사를 드리면서 오늘 진행을 시작하겠습니다. 3,000명이 넘는 분들이 오셔서 로이 톰슨 홀을 꽉 채웠고 이번에도 표가 매진되었습니다. 우리 관계자 일동은 멍크 디베이트의 순수한 아이디어에 대한 여러분의 뜨거운 지지에 진심으로 감사드립니다. 세계와 캐나다가 직면한 큰 이슈에 대해 더 많은 양질의 논의를 나누는 것은 세계 시민인 우리에게 매우 좋은 일입니다.

BNN(비즈니스 뉴스 네트워크), CPAC, 그리고 C-SPAN으로 이 토론을 보시는 캐나다와 미국의 텔레비전 시청자 여러분도 반갑습니다. 또한 인터넷 생중계를 통해 보시는 수천의 시청자 여러분, 안녕하세요! 오늘 디베이트에 여러분을 가상의 참가자로 맞이할 수 있어 아주 멋진 밤입니다.

자, 곧 논쟁이 시작됩니다. 세계적인 논객 네 명이 등장해 "부자에게 세금을 더 거둬야 하는가?"라는 뜨거운 이슈에 대해 논전을 펼치게 됩니다. 하지만 그전에 여하튼 오늘밤 우리 호스트에게 따뜻한 박수를 부탁합니다. 오리아 재단의 공동 설립자 피터 멍크와 멜라니 멍크입니다. 이분들의 관용과 비전 없이는 이 디베이트는 실현되지 않았을 것입니다. 브라보!

그러면 디베이트 선수들이 입장하겠습니다. 먼저 전 그리스 총리이자 사회주의 인터내셔널 의장이며 《포린 폴리시》가 선정한 '100대 글로벌 사상가'에 이름을 올린 게오르기오스 파판드레우를 맞아주십시오.

그와 함께 증세 찬성 팀을 구성할 분은 노벨 경제학상 수상자이며 《뉴욕 타임스》의 불굴의 칼럼니스트이자 블로거, 그리고 억만장자에게는 매서운 언변의 소유자인, 여러분, 폴 크루그먼입니다.

강력한 논객을 대적하는 상대팀 또한 강력한 라이벌입니다. 먼저 레이거노믹스의 아버지이자 유명한 래퍼 곡선의 제창자이며 어떠한 감세에도 찬성이라고 당당하게 주장하는 경제학자 아서 래퍼 박사를 환영합니다.

또 한 사람의 증세 반대론자는 전 미국 연방 하원의장이자 지난 대통령 선거에서 공화당 후보 지명을 위해 경쟁한 인물이며 그 세대에서 가장 영향력 있는 정치인인 뉴트 깅리치입니다.

토론을 시작하기 전에 마지막으로 두 가지 일이 남아 있습니다. 우선 모니터 요원에게 초읽기용 시계를 재도록 요청하겠습니다. 전에도 멍크 디베이트를 관람하신 분들은 기억하시겠지만 우리는 시계를 사용합니다. 토론자들의 모두발언과 마무리발언 중에 발언 시간 마감을 알리는 소리가 울리면 이들에게 큰 박수를 쳐주시기 바랍니다. 그래야 토론 시간을 지켜 진행할 수 있으며, 발언자도 긴장감을 갖고 임할 수 있습니다.

마지막으로 한 가지 중요한 사항을 확인하는 시간입니다. 방청객 여러분이 토론회장에 들어올 때 오늘의 논제 "부자에게 세금을 더 거둬야 하는가?"에 얼마나 찬성했는지 또는 반대했는지, 그것을 보도록 하겠습니다.

첫 번째 투표 결과는 58%가 찬성, 28%가 반대, 14%는 아직 미정입니다. 이 수치를 좀 더 깊이 파고 들어가 보죠. 잠재적인 부동표가 어느 정도인지를 파악하기 위해 또 다른 질문을 했습니다. 오늘 이곳에서의 토론을 듣고 난 후에 생각을 바꿀 준비가 되어 있는지를 물어보았습니다. 그 결과를 표시하도록 하겠습니다.

오! 79%가 예라고 대답했군요. 아니오는 21%에 불과합니다. 디베이트를 개최하는 의미가 매우 크지 않습니까?

이제 모두발언을 시작합니다. 관례에 따라 논제에 찬성하는 측의 의견을 먼저 듣겠습니다. 폴 크루그먼이 포문을 열겠습니다. 폴, 부탁해요.

폴 크루그먼의 논점

크루그먼 안녕하세요. 초대해 주셔서 감사합니다. 또 여기에 계신 여러분 모두에게 감사합니다. 아름다운 토론토에 오게 되어 기쁩니다. 무엇보다도 이 도시에는 다른 도시에서는 볼 수 없는 흥미로운 시장님(롭 포드. 2010년에 취임한 토론토 시장. 평소에도 폭언이나 말실수가 많은 것으로 알려져 있으며, 이 토론 직전에는 코카인 흡입 의혹이 언론에 보도되었다_옮긴이)이 계신 것이라고 생각됩니다만.

다만 그것이 오늘의 논제는 아닙니다. 이 자리에서는 부유층에 대한 과세 문제에 대해 얘기하기로 되어 있으니까요.

이 논제에는 철학적·사회적인 이슈가 포함되어 있습니다. 그것에 대해서는 내 동료 게오르기오스 파판드레우가 상세히 얘기해 줄 것입니다. 저는 현실적인 문제에 초점을 맞출 것입니다.

말하고 싶은 것은 상투적인 세 가지 이슈입니다.

첫째, 누군가의 세율을 올려야 하는 상황인가?

둘째, 부자증세를 강화함으로써 실제로 세수를 늘릴 수 있을까?

셋째, 부유층의 세금을 올리면 경제에 부정적인 영향을 미치는 것이 사실인가?

우선 첫 번째 논점입니다. 요즘 미국이나 캐나다에서는 좋은 정책과 인도주의에 맞는 정책을 좀처럼 실행할 수 없다는 얘기를 자주 듣고 있습니다. 하고 싶은 마음은 굴뚝같지만 예산이 부족하다는 것입니다.

저는 미국 푸드 스탬프(저소득층 식비 지원 제도. 현재의 정식 명칭은 '보조적 영양 지원 프로그램'_옮긴이)에 대한 논의에 크게 주목해 왔습니다. 경기가 침체하고 있는 이 시대에 푸드 스탬프는 많은 사람들에게 없어서는 안 될 생명선입니다.

그런데 공화당은 최근 푸드 스탬프 예산을 연간 20억 달러 정도 인하하는 방안에 찬성했습니다. 그런데 부유층에 대한 증세가 이런 종류의 문제와 어떤 상관이 있을까요?

2011년에 미국의 고액 납세자 상위 1%의 사람들은 자본이득을 별개로 하고도 약 1조 4,000억 달러를 벌어들였습니다. 즉 그들의 세율을 1%의 7분의 1만 올려도 푸드 스탬프 예산 삭감을 막을 수 있을 것입니다.

이상적으로는 그보다 더 부담해 주기를 원합니다. 지속해야 할 프로그램이 그것 말고도 더 많이 있기 때문입니다. 그런데 이 수치는 부유층에는 많은 돈이 있다는 것을 시사해 주고 있습니다. 우리가 현재 향하고 있는 방향을 수정해 더 나은 사회를 만드는 데 충분한 금액입니다.

두 번째는, 실제로 부유층에서 더 많은 돈을 거둘 수 있을까요? 증세를 하면 부유층은 지하 소득을 늘려, 그것을 숨기려고 하는 것이 아닐까. 그것에 대해 많은 연구가 이루어지고 있습니다. 미국의 최고 세율은 여러 세대에 걸쳐 낮게는 28%에서 높게는 91%까지 오르내렸습니다.

경제학자는 통계적인 수법을 구사하여 그것을 주의 깊게 분석해 왔습니다. 확실히 세율이 오르면 어느 정도 신고 소득이 감소합니다. 그러나 큰 금액은 아닙니다.

래퍼 곡선에서 세수가 감소로 돌아서는 최고 세율 지점이라는 것이 상당히 정확하게 추정되고 있습니다. 그것은 적어도 70%입니다. 아마도 80%나 그 이상이라도 세수는 줄어들지 않을 것입니다.

즉 현 단계에서는 증세에 따라 세수가 줄어드는 것을 걱정할 필요가 전혀 없습니다. 부유층의 세율을 올리기만 하면 더 많은 세입을 확보하고 이를 효율적으로 사용할 수 있습니다.

마지막으로, 세율과 경제의 관계에 대해서입니다. 부유층의 세율을 올리면 경기에 파괴적인 악영향을 미치는 것이 사실일까요? 이것은 자주 듣는 이야기입니다. 사실 20년 전에 훌륭한 예가 있습니다. 1993년 당시 취임한 지 얼마 안 된 클린턴 대통령이 최고 세율을 인상했습니다. 그때 경기 악화를 예측하는 목소리가 많았습니다.

뉴트 깅리치라는 이름의 어떤 사람이 이런 예측을 한 것은 잘 알려져 있습니다. "증세는 고용을 줄이고 불황을 초래한다. 불경기는 사람들의 일자리를 빼앗고, 사실상 재정 적자를 증가시킨다."

뉴트, 맞지요? 당신의 대답은 알고 있어요. 이것이 처음은 아니니까요. 당신은 이렇게 말할 겁니다. "공화당이 중간선거에서 승리하고 감세를 시작하고 나서 경기가 호전되었다"라고요.

하지만 그것은 정확한 것이 아닙니다.

첫째, 클린턴 행정부의 첫 2년 동안, 즉 공화당이 의회를 장악하기 전에 미국 경제는 670만 명의 새로운 일자리를 창출했습니다. 월 평균 27만 8,000명입니다.

둘째, 공화당 주도의 감세는 클린턴이 먼저 시행한 증세에 비하면 작은 것이었습니다. 의회 예산국에 따르면 클린턴 정권 하의 어느 해를 들더라도 상위 1%의 부유층에 대한 실효 세율은 아버지 부시 정권이나 아들 부시 정권 하의 어떤 해보다도 높았다고 합니다. 높은 세율에도 불구하고 미국 경제는 급성장했습니다.

흥미롭게도 현재 소수의 사람들에 대한 최고 세율은 클린턴 시대와 거의 동일합니다. 그래도 재앙을 예상하는 목소리가 별로 들리지 않는 것은, 그러한 식으로 전개되지 않는다는 것을 사람들이 알게 되었기 때문이라고 생각합니다.

덧붙여서 제2차 세계대전 직후의 시대에는 세율이 더 높았습니

표. 미국의 소득세 최고 세율 추이

연도	최고세율(%)	비고
1913	7	소득세 도입
1918	77	제1차 세계대전
1925	25	전후 세금 인하
1932	63	대공황 시대
1936	79	
1941	81	제2차 세계대전
1942	88	
1944	94	
1946	91	
1964	77	베트남 전쟁 중 세금 인하
1965	70	
1981	70	레이건 시대 감세
1982	50	레이건 시대 감세
1987	38.5	레이건 시대 감세
1988	28	레이건 시대 감세
1991	31	조지 H. W. 부시
1993	39.6	빌 클린턴 증세
2003	35	부시 감세
2011	35	
2013	39.6	오바마 증세

출처: http://en.wikipedia.org/wiki/Income_tax_in_the_United_States

다. 지금은 생각할 수도 없는 세율이지만, 그 25년간은 미국 역사상 경제성장이 최고였던 시대이고 중산층의 생활수준이 가장 많이 향상된 때였습니다.

그렇다면 부자의 세금을 올려야 하나요? 예! 이유는 많이 있지만, 무엇보다 우리는 그 돈이 필요하기 때문입니다.

그렇게 하면 실제로 세수가 늘어날까요? 예. 물론 늘어날 것입니다. 명백한 증거도 있습니다.

경제에 악영향이 미치는 것은 아닌가요? 아니오. 그럴 염려는 하지 않아도 됩니다. 그러니 증세를 합시다.

그리피스 크루그먼 교수, 매우 잘 하셨습니다. 아직 25초 남았습니다. 상대의 발언을 공격 재료로 사용한 것은 특히 최고였습니다! 우린 그런 것을 좋아합니다. 깅리치 전 의장, 다음은 당신입니다.

뉴트 깅리치의 논점

깅리치 이러한 공개 토론의 장을 창설한 피터 멍크 씨에게 먼저 감사드리고 싶습니다.

그리고 "오늘밤 이 사람들이 뭐라 하든 상관하지 않겠어, 결코 내 생각을 바꾸지 않을 거야"라고 솔직하게 답변한 21%에게도 찬사를 보내고 싶습니다. 아무래도 캐나다 방청객이 미국인보다 더 솔직한 것 같습니다. 미국인이라면, 그럴 생각도 없으면서 "생각을 바꾸겠다"고 대답했을 것입니다.

저는 폴과는 전혀 다른 각도에서 이 문제를 다루려고 합니다.

먼저 말하고 싶은 것은 논점이 세율을 올리는 것이 아니라는 점입니다. 최고 세율이 70%이던 시절도 있었고, 90%이던 시절도 있었습니다. 그러나 부자는 유능한 변호사와 회계사를 고용해서 액면 그대로의 세금을 내지 않았습니다.

지난 대통령 선거에서 크루그먼 씨가 지지한 후보가 우리 당의 후보와 대결했습니다. 그는 우리 당의 후보에게 부과되는 실효 세율이 14%인 것을 비난했지만, 그것은 완벽하게 합법적이었습니다.

상무부 장관도 최근 비슷한 입장에 처했습니다. 8,000만 달러 정도 세금 신고에 실수가 있었던 것으로 드러났습니다. 그러나 그녀의 재산은 약 12억 달러이니까 그다지 큰 실수는 아니었습니다. 이것은 여러분이나 나와 비교하면 300달러 정도 잘못 신고한 정도의 것입니다.

사실 정말 부유한 사람들은 근로소득을 얻는 것이 아닙니다. 그들은 자산을 가지고 있습니다. 그것이 빌 게이츠가 많은 돈을 가지고 있는 이유입니다. 그리고 그것이 그가 세율을 걱정하지 않는 이유입니다. 그는 소득세를 내지 않을 것이기 때문입니다.

이제 세 가지 관점에서 논리를 전개해 보겠습니다. 첫 번째는 도덕적인 관점, 두 번째는 현실적인 관점, 세 번째는 정책의 초점을 어디에 두는가 하는 것입니다.

먼저 도덕적 관점에 대한 것입니다. "부자의 세금을 올려라." 왜? '부자'란 무엇을 의미하는 것일까?

예를 들어, 옆집 거주자가 당신보다 더 좋은 차를 탄다고 합시다. 이웃 사람은 마침 차를 좋아하지만, 당신은 다른 것에 관심이 있습니다. 그러면 좋은 차를 타는 이웃은 세금을 더 내야 합니까? 그 이유는 무엇입니까?

당신의 친구는 두 가지 일을 하고 그 결과 당신보다 좀 더 많이 벌고 있다고 합시다. 그러면 그의 세금을 올려야 할까요? 그 이유는 무엇입니까?

기억하세요. 이것은 자선이나 사회 공헌, 도덕성의 문제가 아닙니다. 과세하는 힘은 파괴하는 힘입니다. 과세하는 힘은 강제하는 힘입니다.

정말 이렇게 말하고 싶나요? "성공하면 벗겨가겠다. 당신은 우리에게 빚졌다. 감히 어찌 그렇게 성공할 수 있나?"

만약 그것이 이 사회의 전략이라고 한다면, 자신은 일하지 않고 부자에게 엄청난 세금을 거두는 것이 정답입니다. 그렇다 해도 부자의 변호사는 절세 방법을 잘 찾아낼 것입니다.

우리는 빌 게이츠와 워런 버핏의 재산이 어느 정도인지 대략적으로 알고 있습니다. 그들이 10억 달러 이상의 순자산을 가져야 하는 이유는 무엇입니까? 바로 당장 우리는 올해 두 사람의 자산만 합쳐도 1,000억 달러라는 것을 알 수 있습니다. 왜 그렇게 벌도록 놔둬야 하는 것입니까? 미국인의 대답은 항상 이러했습니다. "글쎄요, 당신도 알다시피 윈도우는 대단해요. 마이크로소프트는 훌륭해요. 많은 사람들의 삶을 개선시켰죠."

그렇게 빌 게이츠가 성공하는 것을 보면 후대의 사람들도 "제2의 마이크로소프트를 창업하고 싶다"고 생각하는 것입니다.

그것과는 다른 메시지를 전할 수 있습니다. "왜 시간을 허비해? 성공하면 벗겨갈 텐데."

도덕적인 관점에서만 말해도 그것은 안 됩니다. 전시나 위기 상황에서는 "필요한 것은 모두 가져갈 수 있다"고 말할 수 있을지도 모릅니다. 그러나 "성공하면 벌을 주겠다"는 것을 평시의 전략으로 하는 것은 도덕적으로 잘못된 것입니다.

두 번째는 현실적인 관점입니다. 나는 사람들에게 이런 메시지를 보내고 싶습니다.

"미국에 와서 기업 하십시오. 그리고 일자리와 부와 새로운 아이디어를 만들어 주십시오. 그러면 우리는 여러분에게 보답하고 존경할 것입니다. 왜냐하면 그것이 사람들을 전진시키는 길이라고 믿기 때문입니다."

중국은 이 전략을 모방해 많은 억만장자를 탄생시켰습니다. 한 세대에서 6억 명이 중산층으로 바뀌었습니다. 이 전략은 제대로 작동한 것이라고 생각합니다. 그래서 경제가 극적으로 급성장하고 6

억 명이 중산층이 되었습니다. 그것은 좋은 것이지 나쁜 것이 아닙니다.

제 목표는 정점을 낮추는 것이 아니라 저변을 올리는 것입니다. 모든 사람에게 유익한 방법을 찾는 것입니다. 가장 먼저 초점을 맞추어야 하는 것은 고용이며, 모든 사람에게 기회를 주는 것입니다. 그리고 빈곤에서 벗어나지 못하는 사람들의 문제를 그 근본 원인을 탐구하여 해결하는 것입니다.

마지막으로, 부자에게 세금을 더 거둘 것인지의 여부는 논의 자체가 정책적으로 초점이 어긋나 있다고 생각합니다.

오늘날 중앙집권적이고 관료주의적인 '큰 정부'는 사라져가는 운명입니다. 한편 민간 부문은 크게 성장하고 있습니다. 오늘밤 여기에 있는 거의 모든 분들이 가지고 있는 휴대폰을 한번 보세요.

우리는 다양한 분야에서 비용의 감소와 기능 향상 등 진보를 실현해 왔습니다. 그런 점에서 정부는 적응력이 부족합니다.

마무리하면서 하나의 실례를 들겠습니다. '유다시티'라는 단체가 있습니다. 그것을 만든 사람은 구글의 무인 자동차 시스템 개발 책임자입니다. 유다시티는 온라인을 활용하여 대학 교육의 비용을 90% 낮추는 것을 목표로 하고 있습니다.

이런 식으로 세상에는 우리가 크게 개선할 수 있는 세계가 있습니다. 하지만 그것은 과세의 기능이 아닙니다. 그것은 우리를 가둬 둔 틀을 깨는 일입니다.

성공한 사람을 어떻게 처벌할지 생각하는 것이 아니라 사람들의 생활을 어떻게 개선할 것인가에 초점을 맞추는 것이 훨씬 더 좋은 목표라고 생각합니다.

그리피스 깅리치 전 의장! 공화당 대통령 후보 지명 선거에서 토론을 경험한 탓인지 논조가 예리하고 긴장감을 주는 것을 알 수 있군요. 최상의 모두발언이었습니다. 다음은 증세 찬성 팀의 게오르기오스 파판드레우입니다.

게오르기오스 파판드레우의 논점

파판드레우 우선 감사의 말씀을 드리고자 합니다. 제가 십대였던 시절에 독재 정권 하의 그리스에서 망명한 우리 가족을 캐나다는 흔쾌히 맞아주었습니다. 캐나다에 감사드립니다.

이 단상에 설 수 있는 것을 영광으로 생각합니다. 왜냐하면 지금 우리는 불평등이라는 중요한 문제에 대해 논의하고 있기 때문입니다.

격차가 벌어지고 있는 것은 누구나 알고 계시죠. 1920년대보다 심합니다. 이 불평등이 공정, 정의, 신뢰 등 우리 사회의 기본 원리를 약화시키고 있습니다.

따라서 저는 오늘의 논제에 찬성합니다. 사회의 공정성과 정의를 보장하는 것이 민주주의의 요체라고 생각하기 때문입니다.

이것이 제가 소중히 여기는 가치입니다. 제가 중요하다고 느끼는 도덕적인 의무의 범위를 넘어서 하나 더 개인적인 경험을 말씀드리고자 합니다.

그리스 총리에 취임했을 때, 저는 보수적인 전 정권이 만든 거액의 부채를 물려받았습니다. 그래서 증세할 수밖에 없었습니다. 하지만 사실상 저의 주요 업무는 세제를 혁신하는 것이었습니다.

세제에 허점이 있고 투명성이 부족하고 탈세가 횡행하고 있었습니다. 최악이었던 것은 이미 거액의 재정 적자를 지고 있는 그리스 국민들이 해외 금융 대출기관에도 돈을 갚아야 한다는 것이었습니다.

게다가 그 대출기관들은 조세 피난처(외국 자본과 기업을 유치하기 위해 소득세율과 법인세율을 매우 낮게 설정한 국가 또는 지역_옮긴이)와 역외회사(절세를 목적으로 조세 피난처에 설립된 기업_옮긴이)를 통해 세금 회피를 하고 있는 국제 금융 시스템의 일원이었습니다. 그 때문에 그리스는 트리클다운 경제 대신에 트리클아웃 경제에 빠져버렸습니다.

추정에 따르면 세계 총 자산의 약 3분의 1이 실질적인 과세권이 미치지 않는 곳에 있습니다. 2010년에 역외회사가 벌어들인 32조 달러가 과세를 면했습니다. 그만큼 세수가 상실된 것입니다.

그만큼의 돈이 있다면, 빈곤과 기후변화 해결을 위해 유엔이 설정한 '밀레니엄 개발 목표'(유엔 밀레니엄 선언을 바탕으로 국제사회의 빈곤퇴치 및 지속가능한 발전을 위해 2015년까지 전 인류가 함께 달성하고자 합의한 8가지 개발 목표_옮긴이)를 5차례 이상 달성할 수 있을 것입니다. 불공평한 과세를 시정하려면 세계적인 거버넌스(협치)의 강화·개혁도 필요하다고 생각합니다. 세계 각국이 함께 투명성을 높이고 허점을 막고 효과적인 금융 규제를 도입해야만 합니다.

두 번째 포인트는 세제입니다.

이것은 물론 각국의 민주적인 결정에 맡길 수 있을 것입니다. 단, 저 자신은 누진 과세의 신봉자입니다. 누진 과세는 사회의 기본적인 계약으로 면면히 계승되어 왔습니다.

국제 경쟁의 시대이기 때문에 철저히 경쟁해야 한다고 보수파는 주장합니다. 신흥경제국과 경쟁하기 위해 세율을 낮추고 임금을 줄여라. 복지를 줄이고 환경 기준을 완화하라. 교육 예산을 줄이고 건강 보험이나 연금 등의 안전망을 축소하라고 말입니다.

즉, 사회의 일체성을 유지하기 위한 기본적인 계약의 토대를 무너뜨리라고 제안하고 있는 것입니다.

다른 방법은 없는 것일까요?

영국의 고든 브라운 전 총리가 이렇게 말했습니다. 우리는 경제와 기반 시설을 점검하고 첨단 장비에 투자하고, 고급 교육을 보급시켜야 할 필요가 있다고요. 그렇게 함으로써 우리는 혁신 기술을 익히고 차세대 아이폰과 블랙베리를 생산할 수 있다는 것입니다.

그는 이렇게도 말했습니다. 그것이 중국과 인도 같은 신흥경제국을 상대하는 화력이 된다. 그것 없이는 서구의 몰락을 볼 뿐이다 라고요.

세 번째로 말하고 싶은 것은 그러한 사회의 기본적인 계약으로부터 기업도 혜택을 받고 있다는 것입니다.

스웨덴, 핀란드, 독일 등은 세율이 높은 나라이지만, 그들의 경제는 매우 경쟁력이 높습니다. 왜냐하면 인적 자원에 투자해 왔기 때문입니다.

마지막으로, 세금을 높이면 로비스트가 암약하고 세금 회피가 횡행한다는 흔한 얘기가 있습니다.

총리를 하고 있을 무렵, 저는 국내외에서 엄청난 부의 집중을 목격했습니다. 그것은 민주 정치의 토대를 침식했습니다. 사람은 이권에 약합니다. 우리는 궁극적으로 공익보다 자신의 것을 생각하기 때문에 거버넌스 – 좋은 거버넌스가 – 가 존재하지 않게 됩니다. 제 생각에, 이것은 민주주의에 대한 새로운 위협입니다.

고대 그리스에서 민주주의의 개념이 탄생한 것은 권력의 집중을 막으려는 의도에 의한 것이었습니다. 오늘날 권력의 집중은 사법 제도, 정치, 공익을 해치고 있습니다. 그것은 민주주의가 의도한 것과는 정반대입니다.

슬라이드를 보면서 마무리를 하겠습니다. 이것은 평등한 경제를 위한 민주적 요구가 있다는 것을 보여줍니다. 첫 번째 막대그래프를

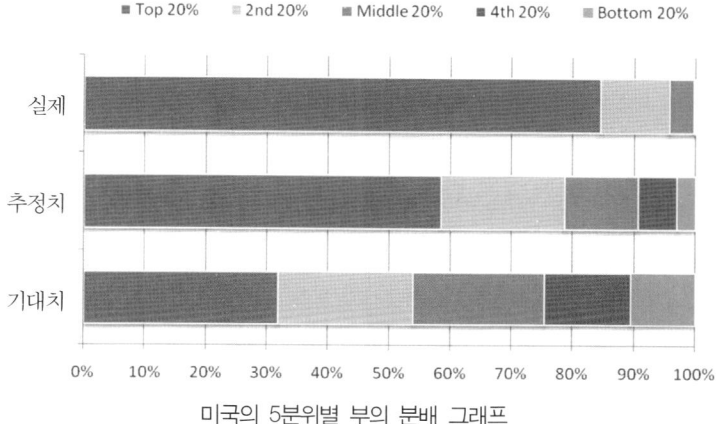

미국의 5분위별 부의 분배 그래프

실제적인 부의 분배를 나타내는 막대그래프의 4분위와 5분위 비율은 너무 작아 표시되지 않았다.(Building a Better America - One Wealth Quintile at a Time, Michael I. Norton and Dan Ariely, *Perspectives on Psychological Science* 2011 6: 9)

보세요. 그것은 미국의 실제적인 소득 재분배의 현황입니다. 두 번째 막대그래프는 사람들이 그렇게 믿고 있는 소득 재분배의 추정치입니다. 세 번째는 사람들이 – 개인적 동기에도 불구하고 전반적으로 – 원하는 이상적인 재분배의 기대치입니다.

우리는 더 평등하고 공정한 경제와 사회를 강하게 요구하고 있습니다. 거기에는 그럴 만한 이유가 있습니다.

비교적 평등이 보장되는 나라를 보면, 평균 수명과 건강, 고용 등 거의 모든 지표가 세계 최고 수준을 가리킵니다. 그러한 국가는 가장 효율적이고, 가장 인간적이라고 할 수 있습니다. 그래서 우리는 평등이 필요한 것입니다.

그리피스 잘하셨습니다. 영어는 당신에게 세 번째나 네 번째 언어라고 생각합니다만, 정말 인상적이었습니다. 마지막에 등장할 분은 래퍼 박사입니다. 모두발언의 매듭을 잘 마무리해주시기 바랍니다.

아서 래퍼의 논점

래퍼 감사합니다. 그런데 폴, 시장님의 스캔들은 굉장한 거네요.
　사실 오늘 여기에 오기 전에 작은 경험을 했습니다. 호텔의 헬스클럽에 갔습니다. 아름다운 도시에 왔으니 운동을 좀 해볼까 하는 마음이었습니다.
　뭐, 예상하시는 대로 저는 운동 체질이 아닙니다. 그래서 헬스 기구나 이용해볼 요량으로 헬스클럽에 내려갔습니다. 땀을 흘릴 정도로 하지도 않았습니다만.
　그런데 거기에 대단한 미인이 들어왔습니다. 눈부시게 아름다운 미녀였습니다. 마침 제 헬스 기구 옆에 관리자가 있어서 저는 그의 어깨를 두드리며 말했습니다.
　"미안하지만, 나 같은 남자도 저런 미녀의 관심을 끌 만한 기계가 있을까요?"
　관리자는 "물론 있지요"라고 대답하면서, 몬트리올 은행 현금자

동지급기 앞으로 데려갔습니다.

지금까지 세 분이 말한 소원은 모두 옳다고 믿습니다. 하지만 문제는 현실 세계에서 무슨 일이 일어나는가 하는 것입니다. 부유층의 세율을 올려도 기대하는 만큼 세수는 증가하지 않습니다. 어쩌면 오히려 세수를 감소시킬 수 있습니다.

미국의 세법을 보세요. 누진적인 소득세가 도입된 것은 1913년이었습니다. 당시 최고 세율은 7%였습니다. 그것이 1919년까지 77%로 올라갔습니다. 그동안 불황을 겪고 제1차 세계대전이 발발했습니다.

전후 1920년에 실시된 대통령 선거에서 민주당 후보들인 콕스와 루스벨트는 우드로 윌슨 시대의 높은 세율을 유지하려고 했고 공화당 후보들인 하딩과 쿨리지는 그 세율을 낮추려고 했습니다. 결과는 공화당이 승리하고 최고 세율은 77%에서 25%로 인하되었습니다.

이 시대가 이른바 '광란의 20년대'가 된 것입니다. 고용과 생산이 급증하고 상위 1%에 속하는 고소득자로부터 거두는 세수는 금액뿐만 아니라 GDP에서 차지하는 비중도 점점 올라갔습니다.

그런데 1930년 스무트-홀리 관세법이 제정되어 관세율이 사상 최고가 되었습니다. 대공황 기간 동안 소득세 최고 세율도 25%에서 83%로 인상되었습니다. 이 기간에 경기가 침체했고 상위 1%의 고소득자로부터 거두는 세수가 GDP에서 차지하는 비중은 저하되었습니다.

제2차 세계대전 후에는 트루먼 대통령 시절에 다시 호황을 누렸고 부유층의 세율이 올라갔습니다.

존 F. 케네디는 최고 세율을 91%에서 70%로 인하했고, 결과적으로 1960년대의 활발한 경제 확대를 가져왔습니다. 상위 1%의 고소득자로부터 거두는 세수는 GDP에 대비해 쭉쭉 증가했습니다.

그러나 그 후 제가 '4명의 얼간이'라고 말하기 좋아하는 시대가 옵니다.

존슨, 닉슨, 포드 그리고 카터입니다. 초당적으로 무능한 대통령들의 조합이 계속되었습니다. 이런 시기는 아마도 미국 역사상 전례가 없을 것입니다.

그들은 이 기간 동안 줄곧 세율을 올렸습니다. 당연히 상위 1%의 세수가 GDP에서 차지하는 비중은 감소하고 경제는 휘청거렸습니다.

그리고 로널드 레이건과 빌 클린턴이 등장합니다. 두 정권은 극적으로 감세를 실시했습니다(클린턴은 최고 세율을 31%에서 39.6%로 올렸으며 래퍼의 주장은 공화당 주도의 소규모 감세를 의미한다_옮긴이).

상위 1%에서의 세수는 1980년부터 2007년까지 GDP의 1.6%에서 3.1%로 신장했습니다. 고소득자의 세수가 급증한 것입니다. 이 시기에는 모든 것이 감세의 대상이 되었습니다. 기어가든 뛰어가든 헤엄쳐 가든 날아가든 굴을 파고 가든, 그것이 무엇이든 문제 삼지 않고 그들의 세금을 줄여 주었습니다. 이 기간 동안 하위 95%의 세수는 사실상 감소했습니다.

이러한 사례를 보면 매우 분명해집니다. 세율을 올려도 세수는 늘지 않을 것입니다.

파판드레우 씨가 말한 것처럼 부유층은 세금을 회피할 수 있습니다. 그들에게는 수단과 재력이 있습니다. 변호사, 회계사, 로비스트 등의 전문가를 고용할 것입니다.

그들은 소득의 발생 장소와 시간을 바꾸고 소득의 구성을 바꾸고 소득 금액을 바꿔버립니다. 증세분을 솔직하게 납부하지 않을 것입니다. 세율을 올려도 그들은 증세를 피해갈 것입니다. 그들은 아주 쉽게 그런 일을 해낼 수 있습니다.

우리가 세수를 늘리기 위해 정말 하지 않으면 안 되는 것은 세율을 낮추고 과세 범위를 확대하는 것입니다.

최근 영국의 상황을 살펴봅시다. 데이비드 캐머런 총리가 취임하고 가장 먼저 한 것은 소득세 최고 세율을 40%에서 50%로 올린 것입니다. 그래서 어떻게 되었나요? 더블딥(경기침체 이후 일시적으로 경기가 회복되다가 다시 침체되는 이중침체 현상_옮긴이)을 초래해 세수도 꽤 줄어들었습니다.

여기 캐나다의 상황은 어떤가요.

이곳의 법인세율은 15%를 유지하고 있습니다. 경기부양책은 자제해 왔지만, 그래도 최근 6~7년의 불황기 동안 경제는 미국보다 훨씬 순조로웠습니다. 불황기에 들어가기 시작했을 때 캐나다의 실업률은 미국보다 훨씬 더 높았습니다. 하지만 그 수치는 그 기간에 미국만큼 오르지 않았습니다.

실제로 지금은 캐나다의 실업률이 미국보다 더 낮습니다. 캐나다 정부의 채무 잔고를 보면, 미국 정부보다 훨씬 더 일을 잘하고 있었다는 것을 알 수 있습니다.

우리가 지금 해야 할 일은 임시변통으로 어리석게 세율을 올리는 것이 아닙니다. 포괄적인 세제 개혁이 필요합니다. 모든 소득을 과세 대상으로 해야 합니다. 자산 가치 상승에 의한 자본이득, 내국세법(미국의 연방세를 규정하는 법. 내국세법은 개인소득세, 법인세, 상속세, 각종 소비세 등 연방세의 전반을 다루고 있다_옮긴이) 제501조 C항 3호에서 비과세가 인정된 비영리법인, 자선 목적의 기부 등 이 모든 것에 일률적인 세율의 세금을 부과할 필요가 있습니다.

세율을 올리면 좋은 결과를 가져올 것으로 기대하고 있습니다만 그것은 근본적인 세제 개혁을 지연시킬 뿐입니다. 지금 요구되고 있는 것은 바로 그 근본적 개혁입니다. 감사합니다.

그리피스 래퍼 박사, 훌륭한 변론이었습니다. 경제학은 지루한 과학이라는 생각을 떨쳐버리게 해주셨다고 생각합니다.

자 여러분, 드디어 이번 디베이트의 논제로 들어가겠습니다.

경제적인 측면에 대해서도 많이 이야기하려고 생각합니다만, 우선 정치적인 측면에 대해 들어봤으면 합니다. 많은 방청객이 관심을 가진 분야라고 생각하기 때문입니다.

깅리치 전 의장에게 묻겠습니다. 최근 보도된 바에 따르면, 미국에서 가장 부유한 400명의 재산을 합하면 나머지 1억 5,000만 명의 재산보다 더 많다고 하지 않습니까. 경제적인 측면은 차치하고 부자에게 과세하면 미국이 '도금시대'(남북전쟁 후 경제가 급속히 성장하면서 부정부패가 만연했던 19세기 말의 혼란스러운 시대. 마크 트웨인이 동명의 소설을 쓴 것에서 유래했다_옮긴이)나 금권 지배의 시대로 퇴보하는 것을 방지하는 수단이 될 것이라고 생각합니다만 당신은 왜 반대하시나요?

성공한 사람을 벌주고 싶은가

깅리치 반대로 당신에게 이런 질문을 해보겠습니다. 국가는 다음 같은 말을 할 권리가 있습니까? "당신은 성공했습니다. 그런데 너무 성공했으니 그에 대한 벌로 대가를 치르게 하겠소."

크루그먼 저는 조금 …… 이런 때 디베이트에서 사용하기 좋은 말은 무엇입니까?

그리피스 고약한 상황 말인가요?

크루그먼 저는 좀 더 비슷한 말을 생각하자면 '화가 난다'고나 할까 그런 쪽인데 어쨌든 "왜 부자를 처벌하고 싶어 하는가?"라고 말하기 시작하면 그것은 자신의 지적 파탄을 고백하는 한이라고 생각합니다. 왜냐하면 우리 진영의 어느 누구도 그런 의미로 말하지 않기 때문입니다.

그것은 결코 부자를 처벌한다는 이야기가 아닙니다. 저는 부자를 싫어하지 않습니다. 사실, 내 친구들도 몇몇은 ······.

깅리치 당신도 그중 한 사람이지요.

크루그먼 저도 제가 추구하는 정책에 의해 손실을 볼 정도의 상위에 속해 있습니다. 저는 부자에 반감을 갖고 있지 않습니다.

다만 기본적인 행정 서비스를 충당하는 데 필요한 것을 그들이 일부 내주길 바라는 것입니다. 그런 말을 할 수 있는 것 아닌가요?

깅리치 씨의 이야기를 듣고 재미있다는 생각을 했습니다만, 대학 교육의 비용을 크게 낮추는 방법을 제안해 온 사람이 있다고 합니다. 꼭 성공하길 바랍니다. 그런데 만화 같은 이야기라고 생각하지 않습니까?

한때 미국은 중산층과 노동자 계급의 자녀도 대학 교육을 받을 수 있는 길이 있었습니다. 보조금을 많이 받는 우수한 주립 대학에 다닐 수 있었습니다. 지금은 그런 선택은 거의 사라졌습니다. 왜냐하면 보조금이 없어져 결과적으로 주립 대학 등록금이 상승했기 때문입니다.

우리는 더 많은 돈이 필요합니다. 부자에게 세금을 거두는 것은 그 필요한 돈을 손에 넣는 방안의 하나입니다. 그것으로 모든 문제를 해결할 수는 없습니다. 그러나 몇 가지 문제는 해결할 수 있을 것입니다.

세금 회피를 완전히 막을 수 없다는 것을 전제로 조세 정책을 수립하라고 주장하는 사람들이 있는데, 슬픈 일입니다.

미국은 민주적인 통치 시스템을 갖춘 21세기 근대 국가입니다. 그런데 희망이 없다고나 할까요? 아니면 베네수엘라 같은 제3세계 국가와 같다고나 할까요?

누구를 위한 정부인가

그리피스 날카로운 지적입니다.

깅리치 아니, 잠시만요. 폴은 두 개의 완전히 다른 문제를 말했어요. 먼저 우리는 돈이 필요하다고 말했습니다. 하지만 그것은 정부가 비효율적이고 비용이 급격하게 상승하기 때문입니다.

교육 예산을 예로 들어보겠습니다. 교수진의 급료는 어떻게 되었습니까? 관료의 수는 어떻게 되었습니까? 왜 교육비가 이렇게 상승했습니까? 정부에 있는 어느 누구도 돈의 용도를 재고할 필요가 있다고 말하지 않습니다.

그래서 제가 하나 물어보고 싶습니다. 증세가 필요하다고 말하기 전에 정말 지금의 정부를 지지할 수 있습니까?

폴이 논한 두 번째 점에서는 냉기가 느껴집니다. 우리는 국세청 스캔들의 시작 단계에 있습니다.

막강한 권력을 가진 국세청 직원이 이렇게 말하고 있습니다.

"그들은 집회에서 어떤 요구를 하고 있었지? 그 83세의 여성은 금요일 아침 조찬모임에서 정확히 무엇을 하고 있었지?"

증세 찬성자인 두 사람은 그 어떤 누구도 세금을 회피할 수 없는 강력한 정부 아래에서 쾌적하게 살 수 있을지도 모릅니다. 그러나 저는 그렇게 강력한 정부에 두려움을 느낍니다.

파판드레우 저는 정부 편도 시장 편도 아닙니다. 저는 독재 정권 하의 그리스에서 자랐습니다. 그래서 당시는 권위주의적인 국가를 싫어했습니다. 우리는 시민에 대한 민주적 책임을 다하는 정부가 필요합니다.

요즈음 보이는 부의 집중은 정부가 공익을 위해서가 아니라 특정 이익집단을 위해 봉사하고 있다는 것을 보여줍니다. 그것이 문제입니다. 민주주의의 문제입니다.

뉴트 씨, 당신은 정부를 부정하고 있는 것은 아니지요? 당신은 정부를 인정하고 있다고 생각합니다. 그러나 특정 이익집단, 즉 큰 기업에 봉사하는 정부 편에 있습니다.

저는 국민과 공익에 봉사하는 정부의 편입니다. 시장에 적대적이지는 않지만 시장도 기본적인 도의를 따라야 한다는 것을 확인하고 싶습니다.

래퍼 그래요. 그 점에 대해서는 누구도 이의를 제기하지 않습니다.

파판드레우 다행입니다.

세율인가 세제 개혁인가

래퍼 누구라도 국민에게 봉사하는 정부를 바랍니다. 문제는 정부가 세율을 올려주기를 바라는가 하는 것입니다. 제 대답은 "증세는 국민에게 도움이 되지 않는다"라는 것입니다.

국민에게 더 잘 봉사하는 데 초점을 맞출 필요가 있습니다. 세제 개혁이야말로 그것을 실현하는 수단입니다. 세제 개혁을 통해 우리는 번영을 이루고 세수를 창출할 수 있습니다. 과세 범위를 넓힐 필요가 있습니다.

모든 빠져나갈 구멍이나 공제, 면세 및 예외를 없애고, 더 낮은 세율의 세금을 거두는 것입니다. 이것은 심슨-보울스 위원회(버락 오바마 미국 대통령이 2010년 2월에 설치한 초당파적 자문위원회. 사회보장비의 억제와 세제 개혁을 제언했다_옮긴이)의 재정 적자 감축안의 기본 원리입니다. 1986년 세제 개혁법도 같은 원리에 기초하고 있습니다.

미국은 그때 개인 소득세 최고 세율을 50%에서 28%로 낮추고 최저 세율을 12.5%에서 15%로 올렸습니다. 세율의 구분도 14단계에서 4단계로 줄였습니다. 법인세율은 46%에서 34%로 떨어뜨렸습니다.

상원의 표결은 어떠했죠? 97 대 3으로 통과되었습니다. 찬성표를 던진 의원 가운데는 좌편향의 앨런 크랜스턴, 내 이웃이자 훌륭한 친구인 앨 고어, 빌 브래들리, 에드워드 케네디, 조 바이든, 크리스토퍼 도드, 하워드 메첸바움도 있었습니다.

이들 민주당 소속의 의원들이 대거 찬성했습니다. 경제성장을 촉진하기 위해서, 그리고 정부의 세수를 확보하고 지출을 줄이기 위해서 그것이 올바른 방법이라고 생각했기 때문입니다.

크루그먼 1986년의 세제 개혁법은 널리 칭송되고 있습니다. 저도 몇 번인가 상세한 연구 결과를 보았습니다.

자본이득과 다른 종류의 소득에 대한 세율을 균등하게 하려고 한 것은 올바른 방법이라고 생각합니다.

래퍼 그렇죠.

크루그먼 그러나 그 세제 개혁이 미국의 생산성 증가율과 잠재적인 생산량에 미치는 영향을 파악하려고 많은 연구가 있었지만 연구자들은 아무것도 찾아내지 못했습니다. 볼 만한 성과가 없었습니다.

래퍼 마틴 펠드스타인이 국세청의 데이터를 사용하여 동일한 집단을 추적함으로써 1986년의 세제 개혁법의 영향을 매우 명확하게 보여주고 있습니다. 그것을 보면 …….

그리피스 여러분 …….

크루그먼 우리 둘이 앞으로 나가 결판을 낼까요, 데이터 자료 들이대면서?

부족한 것은 돈인가 정부의 능력인가

그리피스 여러분, 좋습니다. 상세한 것도 중요합니다만, 잠시 그것은 놔두고, 큰 그림을 그려보도록 하지요. 깅리치 의장님, 부자에게 세금을 더 부과하지 않으면 모두가 혜택을 입는 성장을 실현할 수 있다고 확신하는 근거는 무엇입니까? 크루그먼 씨와 파판드레우 씨가 왜 틀렸다고 생각하십니까?

깅리치 우선 파판드레우 씨가 지적한 점을 되돌아보겠습니다. 우리가 논하는 문제의 차이는 무엇인지를 이해하는 것이 중요하니까요.

그리피스 씨가 말한 대로 400명이 막강한 힘을 가지고 있습니다. 좋아요. 여러분은 정말로 그 힘을 충분히 빼앗을 정도로 세금을 올리고 싶습니까?

자, 내가 좀 전에 말했던 것을 기억하십시오. 빌 게이츠의 돈을 얼마간 빼앗아 그의 힘을 빼앗고 싶습니까? 예를 들어 530억 달러를 10억 달러로 줄이는 식으로? 제 생각에 10억 달러 자산가도 상당한 힘이 있는 것 같은데요. 그래서 이렇게 질문해야 합니다.

우리는 여기에서 무엇을 논의하는가? 우리가 사는 이 사회에 대해 어떤 메시지를 보내고자 하는가?

자, 질문에 대답하겠습니다.

미국에서 가장 가난한 사람들이 언제까지나 빈곤에서 벗어나지 못하는 근본적인 이유는 정부가 그들을 저버리기 때문입니다. 학교가 그들을 저버리고 이웃이 그들을 저버리고 노동시장이 그들을 저버리기 때문입니다.

시카고에서 2012년에 500명 이상이 살해되었습니다. 공공 치안 시스템조차 분명히 그들을 저버렸습니다. 저는 공민으로서의 논의의 주안점을 다음같이 질문하는 데서 찾고 싶습니다.

미국의 가난한 사람들을 빈곤에서 구해 그들에게 진정으로 부상할 수 있는 기회를 주기 위해 얼마나 과감한 개혁을 해야 하는가?

저는 누군가의 돈을 탈취하는 것보다 1,000명을 빈곤에서 구해내는 데 더 관심이 있습니다.

게다가 연간 4조 달러의 예산이 있기 때문에 미국 정부의 문제는 돈의 부족이 아니라 능력의 부족입니다.

세제를 통해 시민들에게 힘을 주자

파판드레우 그 문제로 돌아가겠습니다.

유럽을 보십시오. 그중에는 무능한 정부도 있지만, 책임을 다하는 민주적이고 투명한 정부도 존재합니다. 정부가 투명성을 높이면 권력의 집중도가 약해질 뿐만 아니라 정책도 달라진다고 봅니다.

저는 한 나라의 총리를 해봤기 때문에 강력한 권력이 집중되면 미디어 및 정책이 지배될 가능성이 있다는 것을 잘 알고 있습니다. 제가 바라는 것은 그것과는 반대로 세제를 통해 시민들에게 힘을 주는 것입니다. 왜냐하면 오늘날의 시민은 자유롭지 않다고 보기 때문입니다.

그들은 상당히 의존적입니다. 그 이유는 세계적으로 그리고 선진국에서 실업률이 높기 때문입니다. 그들은 기본적인 욕구를 충족시킬 수도, 원하는 서비스를 받을 수도 없습니다.

세율이 높고, 유능한 정부를 가진 국가들은 질 좋은 교육 시스템과 의료 시스템을 보유하고 있습니다. 국민의 일체감도 강하고 경제적인 경쟁력도 높습니다.

왜죠? 그것은 인적 잠재력에 투자해 사람들이 자립할 수 있도록 해왔기 때문입니다. 국민은 자유롭게 쇄신을 할 수 있고 장래를 생각할 수 있습니다. 정말로 저는 그것을 믿습니다.

래퍼 그러나 세율을 올려야 한다고는 말할 수 없습니다. 당신이 말한 것에는 모두가 동의합니다. 문제는 어떻게 돈을 만들 것인가 하는 것입니다. 세율을 올려서는 당신이 원하는 것을 손에 넣을 수 없습니다.

당신은 스웨덴을 예로 들었습니다. 스웨덴은 세계에서 가장 큰 감세를 실시하고 있는 국가 중의 하나입니다. 최근 성장세를 보셨나요? 스웨덴에서 일어나고 있는 것은 정말로 놀랍습니다.

진정으로 민주적인 정부를 만들겠다는 꿈과 목표를 달성하려면 세율을 낮추고 과세 범위를 넓히는 것이 최선의 방법입니다. 그러면 누구나 정당한 자기 몫을 부담하게 됩니다. 그리고 동시에 번영을 이루는 데 필요한 세수가 확보될 것입니다.

파판드레우 스웨덴은 일률 과세를 채택하는 나라가 아닙니다. 그들은 꽤 누진적인 세율을 갖고 있습니다. 게다가 최근 스웨덴은 불평등으로 인해 – 지난 몇 달간 불평등의 확대로 – 교외에서 폭동이 발생했습니다.

진정으로 화합하는 사회는 지금의 스웨덴보다 훨씬 더 평등한 사회라는 것을 이해할 필요가 있다고 생각합니다.

그리피스 크루그먼 씨, 말씀하시죠.

돈이 없기 때문에 정부는 일을 할 수 없다

크루그먼 한 가지, 아니 두 가지만 말하겠습니다. 래퍼 씨가 미국 세율의 역사를 설명해주었지만, 제가 말할 수 있는 것은 그게 전부 진실이 아니라는 것입니다.

미국은 선진국 중에서도 가장 기회가 부족한 나라가 되어버렸습니다. 밑바닥에서 시작하는 사람들이 상승할 수 있는 가능성이 가장 적은 나라가 되어버렸습니다.

미국은 빈곤의 함정에 빠져 부모에서 자식으로 세대가 바뀌어도 계속 가난 속에 허덕이는 사람들, 맨 아래 5분위에 속한 사람들의 비율이 다른 어떤 선진국보다 높습니다. 그 주된 원인은 단순히 정부가 무능하기 때문이라든지 일하는 방식이 나쁘기 때문이 아닙니다. 문제는 정부가 일을 할 수 없기 때문입니다.

하나의 예를 들겠습니다. 미국에는 필요한 영양을 섭취하지 못하는 아이들이 많습니다. 만일 여러분이 항상 굶주린 상태라면 좋은 교육을 받아 신분 상승을 하거나 중산층 대열에 오르는 것은 상당히 어려울 것입니다. 그런데 실제로 미국은 항상 배고픈 아이들이 많이 있습니다.

항상 병들어 있고 치료도 제대로 받지 못한다면 위로 도약하기란 상당히 어렵습니다. 그런데 미국의 많은 어린이들이 적절한 의료 서비스를 받지 못하고 있습니다. 그들에게 필요한 서비스가 주어지지 않는 것은 우리에게 돈이 없기 때문입니다.

"더 이상 부자에게 과세하는 것으로 돈을 만드는 것은 무리다. 그런 일을 하면 경제가 파탄난다"라고 말하는 사람들이 있습니다. 증세가 중요한 쟁점이 아니라고 말하지 말아주세요. 왜냐하면 그것은 확실히 중요한 쟁점이기 때문입니다.

그리피스 날카로운 지적입니다. 여기서 첫 번째 영상 출연자의 화면을 보겠습니다. 지난번 디베이트에서 어느 정도 성과가 있었기 때문에 그 실험을 다시 하게 되었습니다.

불필요한 세출은 많지 않다

출연자는 전 미국 재무부 장관이며 버락 오바마 대통령의 경제고문을 역임한 로렌스 서머스 씨입니다.

서머스 미국에서는 부자에게 세금을 더 거둬야 합니다.

미국에서 공공 부문의 부하가 증가하고 있습니다. 퇴직을 앞두고 있는 혹은 이미 은퇴한 65세 이상의 인구가 증가하고 있으며, 정부가 구매하는 물품의 상대적인 가격도 오르고 있습니다. 교육비와 의료비도 마찬가지입니다. 의료비와 TV의 상대 가격이 한 세대 사이에 100배 정도 차이가 벌어졌습니다. 그 의료비를 공공 부문이 부담합니다.

그리고 물론 채무 부담도 커지고 있습니다. 이 부담이 앞으로 공공 부문의 예산을 압박하게 될 것입니다.

분야에 따라서는 불필요한 세출을 삭감할 필요가 있을지도 모릅니다. 그러나 불필요한 세출은 그리 많지 않습니다. 따라서 세입을 늘릴 수밖에 없습니다. 어디에서 조달해야 하는가? 공정성의 관점에서 말하면, 부유층에서 나와야 하는 것입니다.

지난 20여 년 사이에 일어난 큰 변화를 감안하면 부유층에서 가져와야 합니다. 상위 1%의 사람들이 가진 자산은 한 세대 전에는 전체의 10%에도 못 미쳤는데, 지금은 20%를 넘고 있습니다.

게다가 그들은 부적절한 세제의 허점이나 우대 조치를 통해 수년 동안 거액의 과세를 면제받을 수 있었습니다. 그 점에 있어서도 부유층에서 가져와야 합니다.

그리피스 우선 깅리치 의장에게 듣겠습니다. 이것은 오늘 디베이트의 중요한 논점이니까요. 특히 이곳 캐나다에서는요. 많은 서방 국가에서는 고령화가 진행되고 생산 가능 인구가 감소하고 있습니다.

이 인구통계학적 난제에 대처하기 위해 모두가 좀 더 부담을 늘리지 않으면 안 되는 것 아니냐는 인식이 있습니다. 그러나 역사는 "부자를 포함한 모든 사람이 더 부담할 것이다"고 말하는 방향으로 진행되지 않았습니다. 왜 그랬을까요?

국방비를 20% 삭감해도 문제없다

킹리치 두 가지 예를 들겠습니다.

첫째, 필요한 영양을 섭취하지 못하는 아이들이 있다는 크루그먼 박사의 지적입니다.

미국에는 여성이나 유아, 어린이를 지원하는 시책이 있습니다. 푸드 스탬프, 임산부 돌봄, 아이들이 적절한 식사를 할 수 있도록 학교에서 지원하는 시책이 있습니다.

아마 크루그먼 박사는 수십억 달러를 사용하면서도 가난한 아이들에게 적절한 영양 섭취를 지원할 수 없는 정부의 비효율성을 지적하고 있다고 생각합니다. 만약 그렇다고 한다면 돈이 부족한 것이 문제가 아니라 정부에 문제가 있는 것입니다. 개선이 필요합니다.

둘째, 서머스 씨가 놀라운 사실을 말했습니다. 자신이 무슨 말을 하는지 이해하지 못한 것으로 여겨집니다.

그는 의료비와 TV의 상대 가격이 100배나 벌어졌다고 말했습니다. TV의 가격은 의료비에 비해 상대적으로 1950년대나 1960년대보다 100배 정도 싸진 것입니다. 그렇다면 이렇게 물어야 하지 않습니까?

"아니, 민간 부문에서는 휴대 전화의 기능을 점점 향상시키면서 비용을 점점 낮추고 있는데, 왜 공공 부문에서는 그러한 대담한 개혁을 할 수 없는 것이냐?"

용기를 가지면 대담한 개혁이 가능합니다. 정부에 대한 생각 자체를 바꾸는 것입니다.

한 가지 명쾌한 예를 들겠습니다. 저는 보수적인 사람이기 때문에 국방에 적극적일 것으로 간주되고 있습니다. 또한 실제로 그렇습니다. 그러나 언제나 이렇게 말합니다. "저는 매파이지만, 저렴한 매파입니다"라고요.

국방 예산을 20% 삭감해도 더 민첩하고 효율적이며 더 강력한 국방 시스템을 유지할 수 있다고 생각합니다. 현대화만 하면 가능합니다.

미국의 국방 시스템은 팽만하고 비효율적이고 소수의 기업에 의해 좌지우지되고 있습니다. 변화에 대응할 수 없기 때문에 세계적으로도 현실적으로도 뒤떨어지고 있습니다. 증세로 그것을 충당하기 전에 우선 펜타곤을 근본적으로 개혁해야 할 것입니다.

그런 다음에 증세에 대해 이야기해야 합니다.

다른 분야에 대해서도 저는 관료의 무능을 일절 용납할 생각이 없습니다. 크루그먼 박사가 언급한 문제에 대해서도 마찬가지입니다.

그의 말이 사실이라면 가난한 아이들을 지원하는 시스템에 대해서도 전반적인 개혁이 필요합니다. 왜냐하면 여러 시책을 통해 수십억 달러의 돈을 쏟아 부었다고 하는데, 크루그먼 박사에 따르면 그 성과가 없다는 것이기 때문입니다.

푸드 스탬프 등이 공격받고 있다

크루그먼 한 가지 정정해주세요. 깅리치 씨는 좀 전에 지난 대통령 선거에서 제가 누구를 지지했는지 알고 있는 것처럼 말했습니다.

그러나 《뉴욕 타임스》 칼럼니스트인 저에게는 특정 후보를 추천하는 것이 허용되지 않습니다. 따라서 2012년 선거에서 제가 누구를 지지했는지 그는 알 수 없습니다.

그리피스 아마도 밋 롬니(2012년 대통령 선거에 출마한 공화당 후보_옮긴이)는 아니겠지요.

깅리치 폴, 증명은 할 수 없지만 알 수는 있어요.

그리피스 그건 그래요.

크루그먼 빈곤층 지원 문제로 돌아가겠습니다.

미국은 확실히 나름대로 빈곤 관련 예산을 투입하고 있습니다. 그러나 GDP에서 차지하는 비중을 생각하면 캐나다의 절반도 되지 않습니다. 상당히 많이 사용하고 있는 것 같은 말투는 그만두었으면 좋겠습니다. 빈곤층 지원에 관해서 말하면, 미국은 선진국에서 가장 보잘 것 없는 수준입니다.

예를 들어 푸드 스탬프 등은 공격의 제일선에 처해 있습니다. 하원 예산 위원장 폴 라이언은 푸드 스탬프 시책의 대폭적인 예산 삭감을 요구하고 있습니다.

그러나 정부는 푸드 스탬프 시책을 매우 잘 수행하고 있습니다. 관료주의적인 절차는 최소화하고 있습니다. 돈도 적재적소에 쓰이고 있습니다. 다만 자금이 부족할 뿐입니다.

영양 섭취 지원을 필요로 하는 사람 모두에게 그것을 보장해주려면 돈이 더 필요합니다. 금액이 너무 적습니다.

의료비는 어떤가요? 정부는 잘하고 있습니다. 메디케이드(미국 저소득층의 공적 의료 지원 제도_옮긴이)는 실제로 놀라울 정도로 효율적인 시책입니다. 의료 분야는 정부가 일관되게 민간 부문 이상의 효율을 유지하고 있는 분야입니다.

하지만 이것도 충분하지 않습니다. 전자 제품을 비교 대상으로 사용하려 한다면 왜 이렇게 물어보지 않습니까? "왜 이발요금은 스마트폰을 만드는 데 드는 비용만큼 저렴하지 않지?"라고요. 정말로 끔찍한 주장이라고 말하지 않을 수 없습니다.

자유로운 사회를 위해 증세가 필요하다

그리피스 파판드레우 씨의 이야기를 들어보겠습니다. 당신의 고국 그리스에서는 지금 정부를 비난하는 목소리가 다른 어느 나라보다 높은 것 같습니다.

　이번 디베이트의 맥락에서 봤을 때, "자 봐라, 정부 시스템이 작동하지 않고 있다. 정부는 세수를 더 늘릴 것이 아니라 근본적으로 개혁할 필요가 있다"라고 주장하는 사람들이 있습니다. 그들이 잘못된 것인가요? 정부는 재정적 압박, 부채 감소에 대한 고민 없이 자기 개혁을 할 수 있을까요?

파판드레우 정부를 변혁하고 투명성을 높이는 것이 제 선거 공약이었습니다. 당선 후 제약업계의 유력한 로비스트를 상대해야 했습니다. 그들은 매우 비싼 약을 제공하고 연금 시스템에서 돈을 짜내고 있었습니다.

　제가 착각한 게 아니라면 미국의 메디케어게미국 고령자들을 위한 공적 의료 보험_옮긴이) 및 의료 시스템 개혁을 둘러싼 논의에서도 의회는 정부의 일괄 조달을 인정하는 법안을 부결시켰습니다. 법안이 통과되면 정부는 제약회사에 대한 협상력을 가질 수 있었을 것입니다.

그런데 왜 부결되었죠?

제약회사로서는 개별적으로 병원과 협상하는 것이 유리한 가격을 받을 수 있기 때문입니다. 이것은 비효율적인 관료주의의 표본입니다. 사회주의 때문이 아니라 대기업의 영향력 때문에 비효율적인 정부가 만들어지는 것입니다.

저는 그리스에서 그것과 싸웠습니다. 연고자본주의(대기업 간부와 정부 관리들의 밀착된 관계, 또는 혈연이 중심을 이루는 자본주의. 자유롭고 개방된 시장을 기반으로 하는 본래의 자본주의와 대비된다_옮긴이)를 바꾸어야 합니다. 제약회사가 대규모 낭비를 조장하고 있기 때문에 저는 전자 처방전을 도입하고 의료비 30% 삭감을 목표로 했습니다. 다행히 성공적이었습니다.

한 가지를 덧붙이겠습니다. 기업은 역할을 다하는 국가를 필요로 합니다. 예를 들어 교육 등의 기본적 요구를 제공하는 기능이 작동되는 그런 국가 말입니다.

유럽의 많은 국가에서는 기업이 비교적 쉽게 노동자를 해고할 수 있습니다. 그러나 복지 국가가 등장해 말합니다. "당신에게 직업 훈련과 재교육을 해줄 것입니다. 당신이 다시 노동 시장에 돌아갈 수 있게 해줄 것이며 그때는 지금보다 더 유능한 노동자가 되어 있을 것입니다."

직업 훈련과 재교육은 기업에게는 큰 혜택입니다. 그 덕분에 기업은 경쟁력을 유지하는 것입니다. 저는 기업을 처벌하려는 것이 아닙니다. 다만 돈이 제대로 사용되도록 하고 싶을 뿐입니다.

시민이 자유롭고 유능한 사람이 될 수 있는 조건을 만들고 싶다면 증세는 절대적으로 필요합니다.

부자증세는 경제를 죽인다?

래퍼 모두 다 동의합니다. 하지만 그것이 핵심은 아닙니다. 여기서 묻고 있는 것은 부자의 세율을 올려야 하는지 마는지의 여부입니다.

최선의 복지는 존 F. 케네디가 말했듯이 여전히 양질의 고임금 일자리입니다. 사람들에게 일을 주고 복지의 신세를 지지 않고 살게 하는 것이 훨씬 좋습니다.

사람은 구호물자로는 행복할 수 없습니다. 일을 해야 행복해질 것입니다. 미국유색인지위향상협회(NAACP)의 회장이었던 벤저민 훅스의 말입니다.

파판드레우 저는 구호물자 같은 이야기를 하는 것이 아닙니다.

래퍼 모든 것을 효율화하고 더 잘 만드는 것에 대해 찬성합니다. 무일푼의 사람들에게 사회가 제공할 수 있는 범위의 것을 주지 않으려는 사람은 없습니다. 모두가 베풀기를 바라고 있습니다. 다만, 우리는 이를 위해 번영을 이루어내야 합니다.

벤저민 훅스가 적절하게 말하고 있습니다. 흑인은 마지막으로 고용되고 가장 먼저 해고된다. 흑인이 실업자가 되지 않도록 하려면 전원이 고용될 만큼 많은 일자리가 있어야 한다고 말입니다.

번영이야말로 해답입니다. 세수를 포함한 모든 것에 대한 해답입니다. 미국이 에티오피아보다 훨씬 더 많은 행정 서비스를 제공할 수 있다고 하면, 그것은 미국이 에티오피아보다 훨씬 더 번영했기 때문입니다.

경제를 죽이지 마십시오. 일하는 사람에게 세금을 거둬 일하지 않는 사람에게 준다면 어떻게 됩니까? 제가 다 말해야 합니까? 부탁합니다. 누가 말 좀 해주세요!

그리피스 아서, 웅변이군요. 하지만 그 정도로 하고 폴 크루그먼의 의견을 듣겠습니다. 그런 다음 다른 질문으로 들어가겠습니다.

세율을 올리면 국민이 도망간다?

크루그먼 그들의 그럴듯한 주장에 대해 실망입니다. 마치 우리가 미국의 기본 정신을 파괴하고 싶어 한다는 것 같은 말투입니다.

우리가 생각하는 것 같은 세제 개혁을 실시하면 스티브 잡스나 스티브 워즈니악이 차고에서 컴퓨터를 개발했던 것 같은 사례가 없어지게 될 것처럼 말하고 있습니다.

우리가 하는 말은 그런 것이 아닙니다. 징벌적 과세 같은 말은 하지 않았습니다. 단지 좀 더 혜택을 주고 싶다고 말했을 뿐입니다.

게다가 '전부 아니면 아무것도' 같은 주장은 잘못된 것이라고 생각합니다. "누진세율을 올려서는 안 된다. 그것을 통해 돈을 조달하고 혜택을 늘리면 모든 것이 파괴될 것이다"라고 하는 것은 잘못된 것입니다.

스칸디나비아에서 볼 수 있듯이 GDP의 40% 혹은 50% 정도를 세금으로 징수해도 여전히 잘 기능하는 나라가 있습니다. 그것도 아주 훌륭하게 작동하고 있습니다.

이 사례가 말해주는 것은, "세금은 본래 매우 파괴적인 것"이라고 하는 개념은 옳지 않다는 것입니다. 부자에게 세금을 더 징수하는 누진 과세에 의해 상당한 세수를 올릴 수 있음을 시사하는 많은 증거가 있습니다.

모든 세금을 부유층에 집중시키는 것은 무리지만 그중의 일부라면 확실히 할 수 있습니다. 이 문제를 자유로운 사회를 지지하느냐 마느냐의 여부를 묻는 것으로 가져가서는 안 됩니다.

깅리치 문제는 글로벌한 것입니다. 이 문제의 본질은 부자에게 세금을 더 거두는 것이라고 말하지 않습니다. 그것은 부자에게 세금을 덜 거두는 것 혹은 좀 더 혹은 아주 많이 거두는 것이라고 말하지 않습니다.

파판드레우 씨는 400명의 부유한 사람들에게 세금을 더 거두어 그 권력을 재분배해야 한다고 말했습니다. 그렇게 하려면 엄청난 세금을 거두어야 합니다.

한 가지 구체적인 예에 대해 묻겠습니다. 올랑드 프랑스 대통령은 부유층에 75%의 세금을 부과하는 것을 제안했는데, 이것은 너무 많은 것인가요 아니면 너무 적은 것인가요?

프랑스 부유층 사이에서는 향후 룩셈부르크를 좋아하게 될 사람이 많아질 것입니다. 크루그먼 씨는 그런 것도 상정하고 있는 것인가요?

딱 73%의 세금을 거둘 것인가

크루그먼 사실 프랑스에서 그 정도의 증세가 실현될 수 있다고는 생각하지 않습니다. 왜냐하면 프랑스는 유럽의 일부이며 룩셈부르크로 쉽게 이주할 수 있기 때문입니다.

하지만 만일 유럽연합 전체에서 시행한다면 실현 가능하다고 생각합니다. 또 미국에서라면 실현 가능하다고 생각합니다.

내 옛 동료이며 노벨상 수상자인 피터 다이아몬드가 세수를 최적화하는 최고 세율을 추정했습니다. 그의 추정치는 73%였습니다.

래퍼 최적화가 아니라 최대화겠지요.

크루그먼 실제 한때 그랬던 적이 있습니다. 제2차 세계대전 이후의 성장기에는 미국의 세율이 줄곧 그 수준이었습니다.

그렇다면 미국에서도 올랑드가 제안한 수준의 세율로 올리라고 말하려는 것이냐? 그렇지 않습니다. 왜냐하면 그것은 현실성이 없다는 것을 알기 때문입니다. 그러나 그 방향으로 가야 하는 것 아닌가요? 올랑드가 하는 일이 미친 일이라고 생각하나요? 아닙니다.

깅리치 또 다른 질문을 하고 싶습니다.

그리피스 짧게 해주세요. 시간 배분을 해야 하니까요.

깅리치 미안합니다. 하지만 이는 의미 있는 논점이라고 생각합니다.

세율을 73%로 올리면 - 뭐, 그럴 수 있는 마술 지팡이가 있다면 말입니다만 - 그것은 1950년대와 같은 73%입니까?

당시는 허점투성이로, 아무도 그렇게 납세하려고 하지 않았습니다. 아니면 허점을 보완하고 투명하게 제대로 73%를 징수할 것입니까?

크루그먼 만일 73%로 한다면, 자본소득에 대해서는 어느 정도 차별을 두고 해야 할 것입니다만 그것보다 훨씬 덜할 것입니다.

덧붙여서 1950년대에 상위 1%의 사람들이 부담한 실효 세율을 보면 확실히 50% 이상의 높은 것이었습니다만 아마도 73%에 도달하지는 않았을 것입니다.

중국의 성장은 불평등의 소산

그리피스 여러분, 남은 시간 동안 논의의 국제화를 도모해 보겠습니다. 이것은 캐나다와 미국만의 문제가 아니라 전 세계적으로 화제가 되고 있는 일이니까요. 그래서 오늘 두 번째이자 마지막 영상 출연자를 만나 보겠습니다.

아시아의 위대한 사상가입니다. 키쇼르 마부바니 싱가포르 국립대학 리콴유공공정책대학원 원장입니다. 그와는 최근 위성 회선으로 연락을 취했습니다. 영상을 보시겠습니다.

마부바니 감사합니다. 약 20년 전에 중국의 경제학자들이 단체로 뉴델리를 방문해 인도의 경제학자들을 만났습니다.

참가자 중에는 지금은 인도 정부 기획위원회 부위원장이 된 몬텍 싱 알루왈리아도 있었습니다. 중국 측은 계획 중인 개혁에 대해 인도 측에 설명했습니다.

이야기를 다 듣고 나서 몬텍 싱은 약간 동요하면서 이렇게 말했습니다.

"그런 개혁을 단행하면 격차(불평등)가 더 벌어질 것을 알고 있습니까?"

중국 경제학자들은 만면에 미소를 지으며 대답했습니다.

"꼭 그렇게 되기를 바라고 있습니다!"

그리고 실제로 그렇게 되었습니다.

중국은 발전할수록 억만장자 대열에 새롭게 합류하는 사람의 수가 세계 어느 나라보다 많아졌습니다.

그러나 동시에 중국은 인류 역사상 최대의 빈곤 대책도 시행했고 6억 명 이상을 절대 빈곤에서 구출했습니다. 또한 엄청난 중산층이 새롭게 탄생했습니다.

이 예에서 알 수 있듯이 불평등의 확대가 대다수 국민의 이익으로 이어지는 한, 중국과 아시아는 그것을 용인할 것입니다.

그리피스 좋은 지적입니다. 오늘 디베이트의 중요한 포인트입니다.

우선 파판드레우의 반론을 듣겠습니다.

사람들을 빈곤에서 구하고 연평균 6~8%의 경제성장을 달성할 수 있다면 지금 당장 목숨을 내던져도 좋다고 생각합니다. 그렇지요? 그러면 중국의 성장 모델 어디가 잘못된 것입니까?

중국의 성장 모델은 잘못된 것인가

파판드레우 물론입니다. 그러나 저는 그의 의견에 동의할 수 없습니다. 격차를 용인했기 때문에 중국이 성장했다고는 생각하지 않습니다. 성장은 중국 정부가 산업에 많은 투자를 한 결과입니다.

물론 이 격차는 사람들을 빈곤에서 벗어나게 했습니다. 그러나 중국은 그 성장을 방해할 우려가 있는 많은 문제에 직면하고 있습니다.

첫째, 중국에는 연금과 복지 시스템이 없습니다. 그 나라에서는 한 자녀 정책의 영향으로 인구의 고령화가 진행되고 있습니다. 노인 복지는 젊은 세대에게 큰 부담이 될 수 있습니다. 골치 아픈 문제가 될 것입니다.

둘째, 신흥 노동자 계급의 임금 인상 요구에 부응해야 합니다. 예를 들어 애플의 아이폰을 조립하는 공장 노동자나 다른 산업의 노동자들이 더 나은 노동 조건을 요구하고 있습니다.

셋째, 중국은 심각한 환경 문제를 안고 있습니다. 베이징은 머지않아 환경 악화로 인해 살 수 없게 될 것입니다. 더 나은 사회를 만들기 위해 더 많은 돈이 필요하다는 것을 중국 정부도 인식하고 있을 것입니다.

불평등이 그 문제를 해결해 왔다고는 생각하지 않습니다. 오히려 사회의 일체성을 손상시켜 왔습니다.

앞으로 중국은 사회 안전망에 투자해 더 평등한 사회로 완만하게 이행해갈 것이라고 생각합니다.

중국의 문제는 성장의 부산물

그리피스 폴이 뭔가 말하려고 합니다만 먼저 깅리치 의장의 견해를 듣겠습니다.

당신은 모두발언에서 중국에 대해 언급했습니다. 중국의 성장 모델은 파탄나지 않을지라도 심각한 문제를 안고 있다는 것이 파판드레우 씨의 생각입니다. 당신은 이에 대해 어떻게 생각하십니까?

깅리치 중국의 문제는 성장의 부산물이라고 생각합니다.

예를 들어 자동차의 수가 증가했기 때문에 심각한 대기 오염에 대처해야 합니다. 일하는 사람이 늘었기 때문에 다양한 교통 문제가 생겼습니다. 많은 사람들이 재화나 서비스를 생산하기 때문에 기본적인 환경 정책으로 돌아가지 않으면 안 됩니다.

그러나 60년 전과는 달리, 중국은 차세대 문제를 해결할 만한 부를 만들어냈습니다. 이것은 인류 역사에서 손꼽히는 성과입니다.

1930년대에 가난한 중국이 직면했던 것은 기아와 예속의 문제였습니다. 그들은 희망을 전혀 갖지 못한 채, 상상을 초월한 빈곤에 허덕이고 있었습니다. 그래서 지금의 중국인들은 이렇게 말할 것 같습니다.

"확실히 큰 문제가 있습니다. 그러나 중국은 큰 나라이기 때문에 뭔가 큰 해결책이 있을 것입니다"라고요.

파판드레우 요컨대 뉴트는 분명히 중앙 계획경제를 지지하고 있는 셈입니다. 그렇지요, 뉴트? 중국에서?

깅리치 그것에 대해서는 나중에 마무리발언에서 말하겠습니다.

그리피스 억만장자가 더 많을수록 더 좋은 것일까요?
 중국은 억만장자가 번창하는 것을 용인하고 불평등을 용인하고 있습니다. 중국은 부자에게 엄격하지 않습니다. 폴, 당신이 원하는 방식은 아니지요?

불평등 정책으로 경제는 성장하지 않는다

크루그먼 저는 이 문제를 오랫동안 연구해 왔습니다. 라틴 아메리카의 나라들은 이러한 관점을 많이 고찰해 왔습니다. 20년 전, 이른바 워싱턴 합의(국제통화기금(IMF), 세계은행, 미국 정부 등이 공유하고 있는 개발도상국의 경제 정책에 대한 공통된 인식이다. 재정 적자 감소, 무역과 자본 시장의 자유화, 규제 완화 등 미국식 자본주의를 억지로 전 세계에 확산시키려는 인식으로 비판을 받았다_옮긴이)가 세상에서 널리 받아들여지고 있었습니다. 그것은 "불평등에 대해 신경 쓰지 마라. 시장의 자유화에 초점을 맞춰라. 그리하면 아시아 국가처럼 도약할 것이다"라고 말합니다.

멕시코를 포함한 많은 라틴 아메리카 국가들이 어느 정도 그런 정책을 채택했습니다. 자유화에 의해 다소 좋은 일도 있었지만 도약은 없었습니다. 경제성장은 일어나지 않았습니다. 정말로 실망스러운 일이었음이 틀림없습니다.

한참 후에 우리는 아시아에는 있고 라틴 아메리카에는 없는 그 무엇인가를 알아내려고 했습니다.

그래서 밝혀진 것은 아시아 국가는 교육 수준이 높은 국민이 있으며 인프라가 잘 되어 있다는 것입니다. 다른 조건을 마련하지 않고 단지 불평등을 확대하는 정책을 택한 곳에서 성장을 실현한다는 것은 사실 불가능하다는 것이 판명된 것입니다.

최근 10여 년간, 멕시코 같은 국가들이 불평등 해소 작업을 진지하게 시작했습니다. 성과도 있었습니다. 격차는 줄어들고, 빈곤은 급속하게 개선되고 있습니다.

미리 말씀드리자면, 정부의 활동에 의해서입니다. 시장의 마법 따위는 없습니다. 성장의 기대도 고조되기 시작한 것으로 보입니다. 이것은 국민의 영양 상태와 교육 수준이 향상된 결과입니다.

여기서 배워야 할 것은, 중국은 불평등이 있어서 성공한 것이 아니라는 점입니다. 여러 예를 비교해보면, 단지 부자를 방치하는 것만으로는 부족하다는 것을 알게 됩니다.

그리피스 '부자를 방치한다!'는 말은 걸작이네요. 아서 래퍼, 반론하시죠.

불완전한 세제를 놔두고 세율을 올리지 마라

래퍼 폴, 당신 말이 맞아요. 부자가 제멋대로 하면 안 됩니다.

하지만 여기서 말하고 있는 것은 한심할 정도로 결함이 있는 세제를 놔두고 세율을 올리는 것에 대한 이야기입니다. 지금의 세제에는 온갖 허점이 있고, 모든 종류의 소득이 공평하게 과세되는 것도 아닙니다.

부자가 세금을 덜 내는 것은 세율이 너무 낮기 때문이 아닙니다. 소득이라는 것이 제대로 정의되어 있지 않기 때문입니다. 전체적인 맥락에서 제대로 파악할 수 없는 것입니다. 이런 현실이 비극입니다.

중국의 성장에 대해 얘기해보죠. 그들은 세 가지를 했습니다. 감세, 국제결제통화, 시장 개방입니다. 이것들은 공급 중시 경제학의 3대 축입니다. 이를 통해 1979년 이후 대규모 성장과 번영을 이루었습니다.

뉴트 의장이 말한 것은 전적으로 맞습니다. 폴이 지적한 문제점은 번영에 관한 것으로서, 빈곤에 관한 것이 아닙니다.

공급 중시 경제학을 도입하기 전에 중국은 교육 수준은 높았지만, 생활은 정말 끔찍한 상태였습니다. 그들은 이제 완전히 다른 선택지를 가지고 있습니다.

그리피스 여러분, 드디어 마무리발언 시간입니다. 각자에게 남아 있는 3분 안에 서로를 반격할 수 있습니다.

　말하는 순서는 모두발언과는 반대입니다. 그러면 먼저 아서 래퍼 씨.

버핏이 낸 세금은 적절한가

래퍼 우선 오랫동안 부자의 세율을 올리려고 노력해 온 남성에 대해 이야기하겠습니다.

　그의 이름은 워런 '버페이'입니다. 네브래스카 주 오마하 출신의 프랑스계 미국인입니다. 영어로 말하면 워런 버핏입니다. 그는 이렇게 주장했습니다.

　"나와 내 친구들에게는 더 높은 세율이 부과되어야 한다. 우리 모두는 더 많이 납세해야 한다고 생각한다."

　그는 《뉴욕 타임스》에 편지를 보내 다음 같은 설명을 했습니다. 그는 700만 달러 미만의 세금을 내고 있답니다. 하지만 그것은 소득의 17.4%에 해당하며, 그의 회사에서 그가 가장 낮은 세율의 세금을 내고 있답니다. 그것은 그의 비서가 내는 세율의 절반이라고 합니다.

자, 저는 계산의 달인입니다. 700만 달러의 세액과 17.4%의 세율로 버핏의 소득을 역산해보면 약 4,000만 달러라는 금액이 나옵니다. 대단한 금액의 소득입니다.

그러나 4,000만 달러의 소득을 신고한 그 2010년에 워런 버핏에게 다른 무엇이 있었는지 말씀드리겠습니다.

자본이득의 평가 이익은 과세되지 않았지만, 이것이 100억 달러 증가했습니다. 그가 빌 & 멜린다 게이츠 재단에 기부한 비과세 기부금은 16억 달러입니다. 금액은 확인되지 않았지만, 자신의 아들과 딸이 운영하는 과세 면제의 재단에도 기부했습니다.

경제학자 입장에서 말하면 – 적어도 저에게는 – 소득은 지출 금액과 증여 금액, 그리고 늘어난 재산입니다. 그래서 제가 말한다면, 2010년 버핏의 소득은 120억 달러입니다.

그가 낸 700만 달러의 세금은 그의 소득의 0.06%에 지나지 않습니다. 이것은 공정하지 않습니다. 그런데 버핏은 자신이 납세할 필요가 없는 세율만을 올리고 싶어 합니다.

우리는 지금보다 세율을 올려서는 안 됩니다. 세법을 고치고 세율을 낮춰야 합니다.

저는 1992년에 제리 브라운이 대통령 후보 선출에 도전했을 때, 캘리포니아의 일률 과세안 수립에 협력했습니다. 과세 대상은 두 개였는데, 하나는 법인의 순매출액이며 다른 하나는 개인의 조정 전 총소득입니다. 연방 세금은 그것뿐이며 다른 것은 없습니다.

세율이 12%이면 워런 버핏은 14억 4,000만 달러를 낼 것입니다. 제가 공평하다고 생각하는 것은 이것입니다. 이상입니다. 감사합니다.

그리피스 화끈한 변론입니다. 이어서 파판드레우입니다.

인적 투자의 선순환을 위해 돈이 필요하다

파판드레우 감사합니다. 저는 부자의 처벌을 요구하지 않았습니다. 폴도 마찬가지일 것입니다.

우리가 말하고 싶은 것은 미국, 중국, 유럽에서 전 세계적으로 막대한 부를 만들어왔음에도 불구하고 매우 불평등한 분배가 이루어지고 있다는 것입니다.

전 인류 중 단지 수천 명의 사람들이 쥐고 있는 거대한 부의 일부를 꼭 사용할 수 있었으면 좋겠다는 것입니다. 분명 큰 도움이 될 것입니다.

우리는 향후 기후변화와 실업 등 큰 문제를 해결해 나가야 합니다. 제 조국 그리스는 젊은이의 실업률이 60%에 육박하고 있습니다. 이것이 지속 가능한 사회라고 말할 수 있습니까?

그런 젊은이들에게 직업 훈련을 시키고, 희망과 일할 가능성을 제공해야 합니다. 그래서 부자에게 재산의 일부를 그들의 정부에 환

원해달라고 말하고 싶습니다.

우리 사회가 더 공정하고 더 낫고 더 효율적인 것이 될 수 있도록 말입니다. 그리고 젊은 세대가 직면할 큰 문제에 우리가 잘 대비해 나갈 수 있도록 그들이 기여해주길 바랍니다.

어떤 연구를 봐도 더 평등한 사회일수록 다양한 지표가 양호한 것 같습니다. 평균 수명, 수리능력과 문맹률, 유아 사망률, 청소년 출산율, 비만율, 심지어 행복도까지.

부자들도 평등한 사회에서 더 오래 삽니다. 그러므로 우리는 그들을 처벌하는 것이 아닙니다. 그들에게도 이득이 될 것입니다.

마지막으로 제 개인적인 경험을 이야기하겠습니다. 조국에서 쫓겨나는 천벌을 받았습니다만, 그 덕에 캐나다에 오게 된 것은 축복이었습니다.

당시 그리스는 독재 체제였을 뿐만 아니라, 진정한 의미에서의 사회 계약 같은 것이 없었습니다. 정부와 시민 사이 혹은 서로 다른 계급 사이에 어떠한 계약도 없었습니다. 사회가 정당하지 않으면 계급투쟁이 발생한다고 생각합니다. 저는 이런 것을 원치 않습니다.

제가 옹호하는 것은 이와는 정반대로 일체감이 있는 사회입니다. 그런 사회를 저는 여기 캐나다에서 찾았습니다.

다양한 어려움이 있음에도 불구하고, 캐나다는 난민과 이민자를 적극적으로 받아들여 자국에 통합할 수 있습니다. 그들을 존중하고 지원하고 투자하고 있기 때문입니다. 캐나다는 저와 제 가족 그리고 국민 전체에 투자해 주었습니다. 오늘의 제가 있는 것은 그 덕분입니다.

이제 우리는 부유층이 가진 부의 일부를 사용하여 사회와 시민의 인적 자원에 투자할 필요를 느끼고 있습니다. 이렇게 함으로써 더 효율적이고 경쟁력이 강한 경제를 만들어 갈 것입니다. 그 뿐만 아니라 더 나은 경제, 더 나은 사회, 더 나은 삶을 구축해 나갈 것입니다. 감사합니다.

그리피스 깅리치 의장 차례입니다.

자유와 국가, 어느 쪽을 우선시할 것인가

깅리치 우선 60% 가까운 그리스 청년 실업률을 언급하겠습니다. 실로 비극입니다. 그래서 듣고 싶습니다. 60%의 젊은이들을 직장에서 내쫓는 그러한 무력한 시스템에서 우리가 얻을 수 있는 교훈은 무엇입니까?

그에 비해서 방금 전의 싱가포르의 메시지는 시사하는 바가 있습니다. 저는 현대 싱가포르의 발전에 진력한 리콴유 총리와 함께 보낼 기회가 있었습니다.

"당신이 큰 성공을 거머쥔 비결은 무엇입니까?"라고 묻자 그는 이렇게 대답했습니다.

"저는 제2차 세계대전 직후 노동당 정권 하의 영국에서 대학원에 다니고 있었습니다. 그리고 그들이 행한 사회주의적인 시책을 모두 이 눈으로 보았습니다. 마침내 싱가포르 총리에 취임한 저는 문제에 부딪힐 때마다 '노동당 정부라면 어떻게 했을까?'라고 자문해보고 그 정반대의 일을 했습니다. 저는 노동 윤리를 소중히 하고 싶었습니다. 국민에게 검약하라고 했습니다. 저는 법의 지배를 원했습니다."

자, 오늘의 논의를 전체적으로 살펴보면, 두 가지 핵심 쟁점이 존재합니다. 하나는 무엇을 할 것인가 하는 실제적인 문제이며, 또 하나는 자유와 국가 중 어느 쪽을 우선시할 것인가 하는 문제입니다. 후자는 모든 사회에 항상 긴장감을 주는 과제입니다.

무엇을 할 것인가? 중국 난징에 있는 다리에 두 개의 거대한 동상이 설치되어 있습니다. 검은 고양이와 흰 고양이입니다. 그 동상이 상징하는 것은 유명한 연설입니다.

마오쩌둥은 강압에 의해 평등한 사회를 만들려고 했습니다. 그리고 지식인들을 농촌으로 내몰았습니다. 그는 자신의 경력 후반부에 나라를 혼란에 빠뜨렸습니다.

덩샤오핑은 세 번 투옥되는 엄청난 희생을 감수하면서 당시의 정책으로는 인민의 힘이 발휘되지 않는다고 주장했습니다. 가장 유명한 연설에서 그는 이렇게 말했습니다. "검은 고양이든 흰 고양이든 상관없다. 쥐만 잘 잡으면 된다."

그의 발언은 혁명적이었습니다. 중국 공산당에 대해 이렇게 말한 것이나 마찬가지였습니다. "여기 와서 이데올로기에 대해 말하지 마라. 자본주의는 유효하다. 중국 인민에게 일을 주지 않는다면, 그들에게 희망을 주지 않는다면 그들은 우리를 내쫓을 것이고 피로 물든 혁명이 일어날 것이다."

덩샤오핑은 이 메시지를 전하기 위해 20년을 보냈습니다. 생명을 위태롭게 하면서 말입니다.

저는 중국의 일당 독재 체제는 많은 문제가 있다고 생각합니다. 그러나 중국의 자본주의 실험과 개방 정책은 많은 사람을 빈곤에서 구출한 것으로서 제2차 세계대전 이후 다른 곳에서는 거의 본 적이 없는 업적입니다.

저는 6억 명의 중국인이 완전한 평등 사회에서 숨 막히는 삶을 사는 것보다는 불평등한 사회에서 그들의 생활을 향상시키는 삶을 사는 것을 보고 싶습니다.

그리피스 폴 크루그먼, 마무리발언 부탁드립니다.

중산층 사회를 다시 목표로 하자

크루그먼 오늘은 너무 많은 지푸라기 인형을 내던져(디베이트 상대의 담론을 고의로 왜곡하고 반박 자료로 사용하는 것을 의미한다_옮긴이) 토론장에 화재의 위험이 높아졌습니다.

완전한 평등 사회는 누구도 옹호하고 있지 않습니다. 적어도 우리 진영의 출연자는 그런 주장을 하지 않습니다. 그럴 일은 없습니다.

저는 유로존 위기에 계속 주목해 왔으므로, 그 이야기를 좀 하겠습니다. 비대한 정부가 유럽의 문제라고 말한다면, 아일랜드는 어떻게 설명하시겠습니까?

아일랜드는 세율이 낮은 것으로 잘 알려져 있습니다. 특히 낮은 것은 법인세로 애플의 경우에는 세율이 제로입니다. 보수파는 너나 없이 아일랜드를 배우라고 했습니다. 영국의 조지 오스본 재무부 장관은 취임 전에 이 나라를 '빛나는 모델'이라고까지 말했습니다.

그 아일랜드가 지금은 역시 궁지에 몰려 있습니다. 그리스만큼 나쁘지는 않습니다만. 그러나 "그리스만큼 나쁘지는 않게"를 캐치프레이스로 하고 싶은 사람은 없을 것입니다.

그러나 그것을 논하자는 것은 아닙니다. 이 자리에는 전 하원의장이 계시기 때문에, 굳이 제가 "정치는 가능성의 예술이다"라고 말할 필요는 없을 것입니다. 정책은 가능성의 예술입니다. 우리는 미국을 쿠바로 바꿀 생각은 없습니다.

우리가 원하는 것은 오바마 대통령이 지난 몇 년의 예산 편성 시 제안해 온 것입니다. 즉 부자에게 유리한 허점을 막고 세수를 늘리며, 가능하다면 최고 세율을 더 올리는 것입니다. 제가 원하는 것은

1. 부자에게 세금을 더 거둬야 하는가

그것입니다.

래퍼 씨의 이야기에서 인용하고 싶은 것은 최근의 역사 중 두 가지의 큰 과오입니다. 첫째는 2003년 부시의 감세로서, 배당소득에 대한 과세가 완화된 것입니다. 둘째, 1990년대에 자본이득에 대한 세율이 인하된 것입니다. 당시 하원을 이끈 의장은 누구였습니까? 기억이 잘 나지 않습니다(깅리치를 보며 농담을 한다). 저는 그 감세 조치를 폐지하고 싶습니다.

상위 1%의 세율을 얼마간 끌어올려 그 돈을 중요한 시책에 사용하고 싶습니다. 그것으로 모든 문제를 해결한다고는 생각하지 않습니다. 그러나 엘리트들의 과도한 영향력을 줄이는 첫걸음은 된다고 생각합니다.

실제로 우리가 훨씬 더 누진적인 세제를 도입했던 과거에 - 1930년대에 전례 없던 누진세율이 도입되었을 때에 - 사회는 그 이전만큼 금권적이지 않았습니다. 저는 그것을 재현하고 싶습니다.

마지막으로 한마디 덧붙이겠습니다. 저는 도금시대로 돌아갈 것을 걱정하는 게 아닙니다. 이미 돌아가 버렸기 때문입니다. 이미 엎질러진 물입니다.

우리가 지금 해야 할 일은 한때 누렸던 중산층 사회로 다시 헤치며 나아가는 것입니다.

정리: 어느 쪽이 승리했을까?

그리피스 여러분, 정말 격조 있는 격렬한 디베이트였습니다. 여러 가지를 생각하게 하고 반성하게 해주었습니다.

솔직히 이 몇 주 동안 토론토에서는 그다지 품격 있는 디베이트가 이루어지지 않았습니다. 더 사실대로 말하면, 집행부의 리더십이 의심되어 왔습니다.

그런데 여러분 덕분에 그런 우려를 씻어버릴 수 있게 되었습니다. 토론토에서 멍크 디베이트와 이와 유사한 수많은 이벤트가 개최되고 있는 것을 보면, 진심으로 우리는 이런 생각을 새롭게 하게 됩니다.

시 청사에서 어떤 사건이 발생하고 또 그것 때문에 국제적인 명성이 다소 손상됐다 할지라도 토론토는 세련된 도시이며 중요한 도시이고 문명적인 도시라는 것을 상기시켜 줍니다. 그 기회를 주신 피터 멍크와 멜라니 멍크에게 감사를 드립니다.

자, 이제 오늘밤 디베이트에서 빠뜨릴 수 없는 시간이 돌아왔습니다. 먼저 토론 전에 실시한 방청객 여러분의 1차 투표 결과를 되돌아보겠습니다. 논제에 찬성한 사람이 다수였습니다. 수치를 보여주십시오. 부자에게 세금을 더 거둬야 하는가? 58%가 찬성, 28%가 반대, 14%는 미정이었습니다. 디베이트를 듣고 생각을 바꿀지도 모른다고 대답한 사람도 많았습니다.

한편, 뉴트 깅리치가 적절하게 지적했듯이 절대로 생각을 바꾸지 않겠다고 한 사람도 21%였습니다. 자, 여러분의 생각이 어떻게 바뀌었는지 보겠습니다.

여러분 모두 프로그램 책자 안에 두 번째 투표용지를 갖고 계시지요? 부디 현명한 한 표를 던져주십시오. 인터넷으로 시청하시는 분을 위해 쇼는 계속됩니다. 이것은 끝이 아닙니다. '스프리캐스트(Spreecast)'에서 지금 동료 전문가 또는 시청자들과 디베이트에 관한 감상평을 교환하시기 바랍니다.

여러분, 의미 있는 멍크 디베이트가 된 것에 감사드립니다. 투표를 부탁합니다.

결과 디베이트 시작 전 투표에서는 논제에 대해 찬성 58%, 반대 28%, 미정 14%였습니다. 최종 투표는 미정 표가 없으며, 찬성이 70%, 반대가 30%입니다. 찬반 결과의 변화를 볼 때, 승리는 논제에 찬성을 한 폴 크루그먼과 게오르기오스 파판드레우 팀에게 돌아갔습니다.

2. 깅리치와의 대화

진행: 하워드 그린

돈을 빼앗아가는 큰 정부가 문제다

돈을 빼앗아가는 큰 정부가 문제다

하워드 그린(이하 그린) 상위 1%의 고액 소득자가 계속 잘 나가는 가운데 중산층에서 "부자에게 과세하라"는 외침이 많습니다. 하지만 잠깐! 실제로 부자에게 세금을 더 부과하면 부자는 사업을 성장시키기보다 새로운 절세 방법을 찾으려 할 것이기 때문에 경기나 세수는 더 나빠지는 것이 아닐까요?

이 두 가지 관점은 올해 봄 멍크 디베이트의 큰 쟁점이 되었습니다.

멍크 디베이트는 전 세계에서 주요한 경제전문가와 논객, 지식인을 초청해 개최하는 공개 토론입니다.

이번 디베이트에서는 노벨상 수상 경제학자이며 《뉴욕 타임스》 칼럼니스트인 폴 크루그먼과 게오르기오스 파판드레우 전 그리스 총리가 논제의 찬성 측으로, 즉 부자에게 세금을 더 거둬야 한다는 주장을 전개했습니다.

이에 맞서 증세 반대론을 펼친 쪽은 전 미국 하원의장으로 공화당의 대통령 후보 지명에 도전한 바 있는 뉴트 깅리치와 공급 중시 경제학의 아버지로 불리며 1980년대 로널드 레이건 대통령의 경제 고문을 지낸 아서 래퍼입니다.

다음은 그중 경제계의 비중 있는 중진 세 사람인 크루그먼, 래퍼, 그리고 제 첫 손님 뉴트 깅리치와 이야기를 나누겠습니다.

전 하원의장, 와주셔서 감사합니다. 그런데 논제는 "부자에게 세금을 더 거둬야 하는가?"입니다. 왜 반대하시나요?

정부는 돈을 빼앗아간다?

깅리치 불러주셔서 고맙습니다. 귀하의 질문에 반대되는 질문으로 대답하겠습니다. 왜 그래야 합니까? 물론 누구나 남의 것을 취하기를 좋아한다고 생각합니다.

그러나 저는 이런 식으로 생각합니다. 예를 들어 당신이 중형차를 갖고 있다고 합시다. 그리고 그것에 만족합니다. 그런데 이웃집 주민이 근사한 고급차를 갖고 있습니다. 그러면 당신이 그 차를 빼앗을 수 있을까요? 안 된다고 말한다면 왜죠? 당신이 그것을 원하는데. 항상 원했는데.

그린 그렇게 간단한 이야기입니까?

깅리치 논제의 문구(부자에게 세금을 더 거둬야 하는가?)를 잘 살펴보세요. "아무리 재원이 절실한 국가 비상시에도" 그렇게 말하지 않으며 "그렇게 해야 할 어떤 이유가 있을 때에도" 그렇게 말하지 않습니다. 그것은 객관적이어야 합니다. '더'라 함은 어느 정도입니까? 빌 게이츠의 재산을 몰수해야 합니까? 결국 그에게는 그 수십억 전부가 필요하지 않다는 뜻입니까?

그린 몰수는 과격한 말이군요.

깅리치 정부가 하는 일이 그런 것 아닙니까? 그것은 빼앗는 일입니다. 정부는 권력이지 자선 단체가 아닙니다. 정부는 "우리를 도와주면 좋겠어요"라고 말하지 않습니다.

미국에서 가장 부유한 두 사람은 대략 900억 달러 정도의 자산을 가지고 있습니다. 그것을 빼앗아야 할까요?

10억 달러씩은 남겨두지요. 어쨌든 10억 있으면 불만은 없을 것입니다. 10억은 여전히 엄청난 금액입니다. 우리의 사회주의자 친구들이라면 아마 너무 많다고 말할 것입니다. 하지만 그렇게 하면 성공을 목표로 노력하는 사람이 줄어들 거라고는 생각하지 않습니까?

그린 지금 언급한 두 명의 부자 중 한 사람은 워런 버핏일 것이라고 생각합니다만, 그는 세금이 더 부과되길 원한다고, 적어도 말은 그렇게 합니다.

부자들은 세금을 회피할 수단을 찾는다

깅리치 그래요. 게이츠와 버핏에 대해 말하고 있습니다. 버핏은 세금이 더 부과되길 원한다고 말하면서 과세 면제의 재단에 300억 달러의 돈을 넣고 있습니다. 정말 똑똑한 사람입니다.

오늘 아침 갑자기 당신이 "누구도 10억 달러 이상 가져서는 안 된다고 결정했다. 10억 달러 이상의 돈을 가질 합리적인 이유가 어디에 있는가?"라고 말한다면 어떻게 해야 하나요? 제가 말하는 것은 바로 그것입니다.

그러면 세계 경제가 성장할 것으로 생각하십니까, 후퇴할 것으로 생각하십니까?

시범 케이스가 바로 중국입니다. 중국 사람들은 말합니다. "우리는 일하러 나갈 것이고, 사람들이 아주 많은 돈을 벌 기회를 만들어 낼 것이다." 그들은 그 과정에서 6억 명을 중산층으로 끌어 올리고 있습니다.

역사상 이렇게 많은 중산층이 늘어난 사례는 없습니다. 6억 명이 중산층으로 이동할 수 있다면, 억만장자가 좀 생겨도 괜찮지 않을까요?

그린 동전의 뒷면, 예를 들어 미국의 중산층은 어떻습니까? 여러 사람이 지적하고 있는 바와 같이 미국이나 여기 캐나다의 중산층은 상당한 곤경에 처해 있습니다.

그들의 경제적인 만족도는 서서히 부식되고 있고 중산층과 상위 1% 간의 경제적 불평등은 점점 커지고 있습니다. 거기에 대해서는 어떻게 생각하십니까?

깅리치 중산층의 가장 큰 고통은 경기 침체입니다. 극적인 경제성장이 일어나고, 소득이 증가하고 일자리가 늘어나면 사람들이 좋은 조건에서 일할 수 있게 됩니다.

물론 창업을 하거나 큰 기업가가 되는 것도 더 쉬워집니다. 어느 시대나 새로운 부의 대부분은 제1세대에서 나옵니다. 즉 새로운 브랜드를 창조한 사람들, 다른 사람과는 다른 것을 시작한 사람들입니다.

여기서도 빌 게이츠는 완벽한 예일 것입니다. 그는 부유한 태생이 아니었습니다. 제 생각은 경제를 성장시키면 중산층과 빈곤층도 더 나아진다는 것입니다. 그것이 경제의 추진력이라는 것입니다.

존 F. 케네디가 말했듯이, "밀물은 모든 배를 띄워 올립니다." 케네디는 공급 중시 경제학을 옹호한 선구자 같은 인물이었습니다. 오늘날의 민주당에 대해 말하자면 케네디가 현 정권에서 일을 하고 있다면 상당히 고생했을 것입니다.

그린 아이젠하워와 케네디의 시대에 미국의 최고 세율은 각각 90%와 70%였습니다. 그만큼 세율이 높아도 그때는 미국 경제가 매우 번성했습니다. 왜 지금은 그렇게 되지 않는 것입니까?

깅리치 이것은 숨겨진 사실입니다만, 소득이 모두 자본이득이라면 세율의 절반밖에 과세되지 않습니다. 그 점은 캐나다도 마찬가지입니다. 따라서 진짜 부자들은 소득을 모두 자본이득으로 돌려버립니다.

밋 롬니가 그랬습니다. 머리만 좋으면 세율을 상당히 낮출 수 있습니다. 그것도 속임수가 아니라 합법적으로요.

생각해 보세요. 진짜 부자들은 머리가 좋은 회계사 또는 변호사를 고용합니다. 비록 최고 세율을 70%로 올려도 그들은 돈을 숨기는 방법을 찾아낼 것입니다.

TV는 싸지고 의료비는 비싸다. 정부가 관여한 것은 어느 쪽인가

그린 하지만 모두가 돈을 위해서만 일하는 것은 아니잖아요?

여기에서 인센티브에 관해서도 이야기해 보겠습니다. 유별나게 큰 부자는 종종 매우 열심히 일하지 않습니까. 그들은 뭔가를 증명하고 싶어 합니다. 단지 돈을 위해 일하는 것은 아닙니다.

깅리치 그들은 종종 정말 아낌없이 주기도 합니다.
 게이츠 재단의 규모를 보세요. 또는 앤드루 카네기를 보세요. 그는 전 세계에 2,200개의 도서관을 세웠습니다. 그는 역사상 개인으로서는 가장 많은 도서관을 설립한 사람입니다. 박물관이나 교향악단 그리고 대학에 수백만 달러의 기부를 한 자선 사업가이기도 합니다.

그린 그러나 그렇지 않은 사람도 많습니다.

깅리치 그렇군요. 그러나 문제는 부자의 자발적인 기부를 촉구하는 자유로운 사회에서 살고 싶은가 아니면 부자의 돈을 빼앗고 선택권을 무시하는 사회에서 살고 싶은가 하는 것입니다.

그린 당신은 미국인이기 때문에 캐나다인인 저보다 이 말을 잘 아실 것입니다. 올리버 웬들 홈스의 "세금은 문명사회의 대가다"라는 명언을 어떻게 생각하십니까?

깅리치 저는 세금이라는 것을 부정하지 않습니다. 그러나 얼마나 큰 정부가 필요한가, 정부가 얼마나 유능한가 등이 문제입니다.

최근 들은 이야기입니다만, TV 가격과 의료비의 가격은 100배나 차이가 벌어졌다고 합니다. 즉 TV는 점점 싸졌는데, 의료비는 점점 비싸졌습니다. 정부가 관계된 것은 어느 쪽입니까?

고등교육도 같은 문제로 고통 받고 있습니다. 정부가 교육에 간섭하면 할수록 학생들의 대출금은 점점 더 쌓여가고, 우리가 보조금을 쌓으면 쌓을수록 고등교육 비용은 점점 더 올라갑니다. 실제로 고등교육 비용은 어떤 경우 의료비보다 더 빨리 올랐습니다.

일률 과세는 고소득자나 저소득자나 공정하다

그린 1950~1960년대에 비해 세율이 상당히 떨어진 반면 공공 부채는 계속 늘어나고 있습니다. 이 사실을 어떻게 설명하시겠습니까?

깅리치 벌어들인 이상으로 쓰고 있다는 것입니다. 어려운 이야기는 아닙니다.

저는 클린턴 대통령 시절 4년 연속 균형 예산을 실현시켰습니다. 이것은 현대 미국에서는 유일한 예입니다. 우리는 세출을 관리하여 균형을 이루었습니다. 감세를 통해 경제성장을 촉진시키면서 4년 연속 균형 예산을 실현한 것입니다.

어느 가정이나 잘 알다시피 균형 예산을 달성하는 한 가지 방법은 세출을 억제하는 것입니다. 국가는 거대한 집과 같습니다.

그린 그래서 대답은 무엇입니까? 적절한 세율은 어느 정도입니까?

깅리치 정답은 일률 과세라고 생각합니다. 이것은 분명하고 간단하고 관리가 쉽습니다. 공정하다는 점도 있습니다. 백만장자는 저소득층에 비해 훨씬 많은 세금을 납부하니까요.

예를 들어 일률적으로 세율 10%라고 합시다. 2만 달러를 버는 사람이라면 아마 기초 공제가 있을 테니 비과세의 범위를 넘는 소득 4만~5만 달러에 도달하기 전까지는 과세되지 않을 것입니다. 소득 5만 달러의 사람이라면 10%의 일률 과세로 세액은 5천 달러입니다. 소득이 100만 달러인 사람의 세액은 10만 달러입니다.

일률 과세 하에서는 고소득자든 저소득자든 부과되는 세율은 정확히 같습니다. 그러나 고소득자는 금액상 훨씬 더 많이 지불하게 됩니다. 그런 의미에서 지금보다 훨씬 더 많은 돈을 그들에게서 받아낼 수 있을 것입니다.

그린 당신은 그렇게 주장해 왔습니다. 아서 래퍼와 스티브 포브스 《포브스》 편집장 겸 CEO의 주장도 같습니다. 많은 사람들이 일률 과세를 제안해 왔습니다. 그러나 그만큼 논리적이라면 왜 지지를 얻지 못합니까?

원유와 가스를 개발하면 증세는 필요 없다

깅리치 일률 과세를 원하는 사람도 많이 있다고 생각합니다. 아마 기술적인 이유가 여러 가지 있어서 미국에서는 도입이 어려워 보입니다만.

 그러나 일률 과세를 채택하여 좋은 성과를 거두고 있는 나라들도 있습니다. 러시아와 에스토니아가 그렇습니다.

그린 그렇지만 러시아는 성공 사례입니까? 일률 과세를 채택하고도 그들은 여전히 키프로스 은행에 돈을 채워 넣고 있습니다(조세피난처로서 러시아의 지하자금이 대거 유입되었다_옮긴이).

깅리치 그러나 러시아는 일률 과세를 채용한 후 극적인 경제성장을 이루었습니다.

그린 그것을 도입할 수 없는 경우의 수를 생각해 보겠습니다. 지금 워싱턴에서 뭔가 변화를 일으키는 것은 매우 어려울 것 같습니다. 제가 말할 필요도 없습니다만.

 미국과 캐나다에서 나타나는 인프라의 부족에 어떻게 대처하시겠습니까? 두 나라는 대규모 인프라의 개선을 통해 국가의 기반을 회복할 필요가 있습니다.

양국 모두 고령화가 진행되고 있어 더 많은 의료비가 필요할 것입니다. 우리가 나이 들었을 때를 대비할 필요성이 어느 때보다 높습니다. 세제를 개혁할 수 없다면 그 비용을 어떻게 감당하겠습니까?

깅리치 먼저 말하고 싶은 것은 돈이 들지 않는 정부를 만드는 방법에 대해 논의가 거의 이루어지지 않는다는 것입니다. 이것은 놀라운 일입니다.

"저런, 이 정책에는 돈이 많이 든다. 누군가로부터 세금을 거두자"라고 말하기는 쉽습니다. 그러나 실제로 어떻게 지금 당신이 말한 시책들의 비용을 감당하겠습니까?

저는 국유지를 개방해 원유와 가스를 개발하면 연방정부에 로열티가 들어오고, 이 돈으로 인프라의 정비 비용을 충당할 수 있지 않을까 생각합니다. 어떠한 증세도 없이 말입니다.

그린 하지만 키스톤 XL 송유관 계획(캐나다 서부의 오일샌드 유전과 미국 멕시코만 연안을 잇는 석유 파이프라인을 만들자는 계획. 캐나다 트랜스캐나다 사가 제안하고 있는 프로젝트로 경제와 고용, 거기에다 환경에 미치는 영향이 주목받고 있다_옮긴이) 등은 뒤로 밀려 진행되지 않고 있습니다. 캐나다 측은 미국의 승인을 얻으려 하고 있습니다만.

깅리치 원인은 인프라 논쟁이 아니라 정치 싸움입니다. 승인이 안 된 이유 중 하나는 시에라 클럽(환경보호단체)이 캐나다 산 원유 소비를 반대하고 있기 때문입니다. 저는 대통령이 이것을 승인할 것으로 기대합니다. 저는 그 계획을 지지해 왔습니다.

미국의 원유와 가스 매장량 중 상당 부분은 연방정부 소유지에 있고 일부는 해외에 있습니다. 그것이 증세 없이 연간 500억 달러 정도의 로열티 수익을 연방정부에 가져다줄지도 모릅니다.

그중 절반을 적자 감축에, 나머지 절반을 인프라에 충당하게 되면 대형 인프라 정비 계획을 수립할 수 있을 것입니다.

사실 불평등은 확대되지 않았다?

그린 디베이트의 논제로 돌아가서 그 파생된 이야기를 해 보겠습니다. 소득 격차가 확대되어 불평등한 사회가 되고 있는 것에 대해 우려하고 있습니까?

깅리치 한 가지 흥미로운 이야기가 있습니다. 개인 단위로 보았을 경우에는 불평등은 그다지 크게 확대되고 있지 않습니다. 사실은 ······.

그린 미안하지만, 그것을 설명해 주시겠습니까?

깅리치 경제학자는 항상 가계에 주목하고 있지만 가계는 매우 극적으로 바뀌고 있습니다.

예전에 가계는 일정한 가족 구성원수를 단위로 나타내었습니다. 그것이 지금은 1인 가구도 있고, 세대 안에 취업자가 두 명인 가구도 있습니다. 그 모두가 같은 가계로 다루어지고 있습니다. 캐나다에서도 미국에서도 가족 구성은 매우 크게 바뀌어 왔습니다.

그린 그러나 어떤 나라에서도 실질 임금이 30년 동안 거의 오르지 않았습니다.

깅리치 그러나 솔직히 그것은 경쟁력의 요인입니다. 특히 중국과 관련해서. 게다가 임금은 앞으로 올라간다고 생각합니다. 예를 들어 노스다코타에서는 이미 임금이 급격히 상승했습니다. 실업률도 사실상 제로 이하입니다. 구직자보다 구인 수가 2.3% 많습니다.

캐나다 서부의 일부 지역에서도 비슷한 일이 벌어지고 있습니다. 미국 정부가 경제 발전에 호의적이고, 끊임없는 규제와 소송으로 경제 발전을 저해하려고 하지 않는다면, 임금은 상승하고 고용은 증가할 것이며 증세 없이 세수가 크게 늘어날 것입니다.

그린 그런데 당신은 탄소세 도입에 반대하나요?

탄소세에 반대한다

깅리치 그래요. 탄소세(지구 온난화의 원인이 되는 이산화탄소의 배출량을 줄이기 위해 화석 연료의 이용자에게 부과하는 세금. 일부 유럽 국가에서는 이미 도입하고 있다._옮긴이_)는 빈곤층에 매우 대항적이고, 경제 발전에 매우 대항적인 세금이라고 생각합니다. 더 나은 미래를 건설하는 데는 매우 부정적인 접근이라고 생각합니다.

그린 일률 과세 되는 소비세를 국세로 전환하는 것은 어떻습니까? 여기 캐나다에서도 도입하고 있습니다만.

깅리치 미국에서는 이미 대부분의 주에 소비세가 도입되어 있습니다. 판매세라는 명칭입니다만. 주나 지방자치단체에서 부과하고 있습니다. 주나 지자체가 주요 재원으로 삼아 온 것을 연방정부가 선점하는 것에 대해 강하게 반대합니다.

그린 그러나 재정 적자와 공공 부채를 해결하려면 국세로 전환해야 하지 않나요?

깅리치 재정 적자와 공공 부채는 세출 삭감으로 대처해야 한다고 생각합니다. 저는 미국이 결코 세금을 가볍게 부과하는 나라가 아니라고 생각합니다. 오히려 정부가 너무 비대한 나라입니다.

그린 당신은 지금도 미국의 대통령이 되고 싶습니까?

깅리치 물론입니다. 그것은 특별한 도전이 될 것입니다. 우리는 지금 과학과 기술이 급격히 진보해 가는 시대에 접어들고 있다고 생각합니다. 다음 20년은 인류 역사상 가장 자극적인 시기가 될지도 모릅니다. 그 과정에 참여할 수 있다면 대단할 것입니다.

그린 2016년에 다시 출마하시겠습니까?

깅리치 아직은 알 수 없지만 확실히 지켜보고 있습니다.

그린 출마해서 당선된다면 인터뷰에 또 응해 주실 겁니까?

깅리치 (웃음) 꼭 당신과 함께 하겠습니다. 키스톤 송유관 앞에서 하면 좋겠습니다. 잘 진행된다면 그 무렵에는 완성되어 있을 것입니다.

그린 (웃음) 오케이. 유익한 대담이었습니다. 미국의 뉴트 깅리치 전 하원의장이었습니다.

3. 크루그먼과의 대화

진행: 하워드 그린

부자는 세율 70%도 문제없다

부자는 세율 70%도 문제없다

그린 들으신 대로 뉴트 깅리치 전 하원의장은 부유층에 대한 과세를 강화하면 경제에 나쁜 영향을 미친다는 의견입니다.

그러나 노벨상 수상 경제학자이며 프린스턴 대학 교수인 폴 크루그먼은 그 견해에 동의하지 않습니다. 부유층에 대한 증세가 필요하다고 주장합니다.

폴, 다시 뵙게 되어 영광입니다. 환영합니다.

크루그먼 또 오게 되어 기쁩니다.

그린 그런데 논제는 부자에게 세금을 더 거둬야 하는가 하는 것입니다. 우선 의견을 간략히 듣겠습니다.

왜 부자들 혹은 슈퍼 부자들은 세금을 더 내야 합니까?

부유층에 대한 세율이 너무 낮다

크루그먼 첫째, 그 돈이 필요하기 때문입니다. 과장된 이데올로기 논쟁을 하거나 우리 사회에 부와 소득이 집중된 것의 폐해를 논하기 이전의 문제입니다. 물론 그것도 중요한 과제라고 생각합니다만.

먼저 지적해두겠습니다만, 기본적인 행정 서비스를 유지할 수 있는지의 여부가 불안시되고 있는 이 시대에, 부유층에 대한 세율은 과거보다 훨씬 낮게 억제되고 있습니다. 미국에서는 확실히 그렇고, 캐나다 등 많은 선진국에서도 마찬가지입니다.

어느 정도 예전 수준의 세율을 지향하여 방향을 되돌리면 상당한 세입을 확보할 수 있다고 시사하는 논거가 있습니다. 그것도 경제에 아무런 악영향을 미치지 않고서요.

저는 부자를 거부할 이유가 없습니다. 필요한 행정 서비스를 충당하기 위해 그들이 돈을 더 내놓길 바랄 뿐입니다.

그린 그것이 정부의 세입을 늘리기 위한 최선의 방법입니까?

크루그먼 세입을 늘리는 한 가지 방법입니다. 정부는 다양한 방법으로 세입을 늘려야 합니다.

여기서 생각해야 할 것은 부유층 증세에 의해 세입을 늘리는 대신, 정부가 어느 정도의 세출 억제책을 쓰고 있는가 하는 것입니다. 그 수치가 사실 너무 놀랍습니다.

미국 의회에서는 현재 푸드 스탬프(저소득층 식비 지원 제도)에 관한 논의가 이루어지고 있습니다. 많은 의원이 푸드 스탬프 예산을 삭감해야 한다고 말하고 있습니다. 돈이 너무 많이 든다는 이유입니다. 그들은 향후 10년간 200억 달러를 삭감하고 싶어 합니다. 한편 미국에서는 상위 1%에 속하는 고액 소득자가 총액으로 연간 1조 달러 정도 벌고 있습니다.

그린 소득입니까? 자산이 아니고?

크루그먼 소득입니다. 1년에 1조 달러이면 향후 10년간 10조 달러입니다. 그런데 의원들은 절망에 빠진 가난한 가족의 영양 섭취를 지원하는 데 200억 달러를 제공할 수 없다고 말하고 있습니다. 상위 1% 사람들에 대한 세율을 단지 1%의 몇 분의 1만 올리면 조달할 수 있는데, 그럴 용기가 없는 것입니다.

70%의 최고 세율에도 세수는 줄어들지 않는다

그린 증세 반대파의 주장에 대해서는 어떻게 생각하십니까? 제 나름의 해석으로는 '세율을 올리면 올릴수록 부유층은 그만큼 많은 세무사와 변호사를 고용하여 증세분의 납부를 피할 방법을 찾는 데 더 혈안이 된다'는 것이 반대파의 취지라고 생각합니다만?

크루그먼 그것에 대해 다양한 연구가 이루어지고 있습니다. 이제는 막연한 추측만으로 말할 단계는 아닙니다. 경제학자들은 최고 세율이 변경되면 실제로 어떤 일이 일어나는지를 매우 신중하게 조사해 왔습니다.

그린 증세 반대파의 사람들도 연구해 온 것입니까?

크루그먼 실은 그렇지 않습니다. 실제로 연구해 온 사람, 데이터를 조사한 사람이 무엇을 말하고 있는지를 살펴보면 결론은 상당히 비슷합니다.

확실히 상위 1% 사람들의 행동에 약간의 영향이 나타납니다. 세금을 회피하는 사람도 일부 나옵니다. 최고 세율이 오르면 부자의 신고 소득액은 어느 정도 감소합니다.

그러나 큰 하락은 없습니다. 세수를 극대화하는 세율, 즉 더 높이면 반대로 세수 감소를 초래하게 되는 세율은 어느 정도인가 묻는다면 그것은 적어도 70%입니다. 아마 80%에서도 세수는 줄어들지 않을 것입니다.

그린 한계 세율(과세 대상 소득 구간이 위로 올라갈수록 높은 세율을 누진적으로 적용하는 소득세율로, 하위구간 초과분에 대해 적용되는 최고 세율_옮긴이)인가요?

크루그먼 한계 세율입니다.

그린 그래서 1950~1960년대의 세율로 되돌리자는 것인가요?

대규모 세금 회피도 일어나지 않는다

크루그먼 그렇습니다. 현실적으로는 좀 무리겠지만요. 하지만 그 방향으로 나아가는 것이 이상적입니다. 현행 세율을 그대로 두어서는 안 됩니다.

그린 고소득자에 대한 부과 세율을 70~80%로 끌어 올린다 해도 세수는 감소하지 않고 세금 회피도 증가하지 않는다는 주장에는 많은 사람들이 기겁할 것이라고 생각합니다.

크루그먼 아니, 세금 회피는 증가할 것입니다. 문제는 그것이 어느 정도인가 하는 것입니다. 원래 파악할 수 있는 소득에 과세하고 있으므로 그 증세분을 상쇄하기 위해 상당한 절세 방법을 사용하지 않으면 안 될 것입니다. 그 점을 기억하세요.

그린 예를 들어 프랑스 배우 제라르 드파르디외처럼요? 그는 최고 세율이 75%로 오른다는 말에 러시아로 국적을 옮겼습니다.

크루그먼 실제로 이미 이주했나요? 국외 탈출 이야기는 자주 듣습니다만, 정말로 이주하는 경우는 그렇게 많지 않을 것으로 생각합니다.

우리는 많은 경험을 쌓았습니다. 미국의 역사를 통해 우리는 부유층에 대한 부과 세율을 다양하게 바꾸어 왔습니다. 결코 무식한 아마추어가 아닙니다. 세율을 인상하고 현실에서 어떤 일이 일어날 것인가에 대해서는 많은 논거를 가지고 있습니다.

이러한 연구에 따르면 사람들이 우려할 정도로 대규모 세금 회피는 일어나지 않을 것입니다.

의욕 상실에 대한 우려는 역사적으로도 틀렸다

그린 중세 반대파는 이런 주장도 합니다. 일하고 받은 돈을 세금으로 빼앗아가면 의욕을 상실한다. 노동의 가치가 손상된다고요.

크루그먼 나도 전형적인 경제학자이기 때문에 인센티브가 사람들의 행동을 좌우하는 것은 부정하지 않습니다. 그러나 중요한 것은 얼마나 좌우하는가 하는 것입니다.

미국에서는 제2차 세계대전 후 사반세기에 걸쳐 현재보다 훨씬 높은 최고 세율을 유지했습니다. 사실, 지금은 아무도 제안하고 싶지 않을 정도로 높았습니다.

그럼에도 불구하고 미국 역사상 경제성장에 있어 가장 성공한 시대였습니다.

그린 다른 요인이 작용했기 때문 아닌가요?

크루그먼 여러 가지 설명이 있지만, 그 대부분은 납득이 안 됩니다. 어쨌든 당시 경제가 급성장한 것은 사실입니다. 이데올로기에 근거한 최근의 편견에 따르면 의욕을 완전히 죽이는 세율에서도 말입니다.

또한 이것도 지적해두어야 합니다. 지금 우리 경제에 눈을 돌리면 사실상 가장 과중한 세율이 부과되는 것은 부유층이 아닙니다. 그것은 소득이 오를수록 공적 부조가 중단되어 버리는 저임금 노동자입니다. 정말 인센티브를 걱정한다면 거기에 집중해야 합니다.

이런 사실도 있습니다. 비록 세율을 인상한 경우에 처한다 해도 우리는 매우 근면한 국민이라는 사실입니다. 그래서 인센티브 운운하는 것은 그다지 문제가 되지 않는다고 생각합니다. 그런데 소득세율을 높이면 부유층이 사회 공헌을 하려던 의욕이 전과 비교할 수 없을 만큼 좌절된다고 말하는 사람들이 있습니다. 실로 흥미롭다고나 할까 결국엔 이기적이라는 것을 느끼게 됩니다.

왜 많이 버는 사람이 적게 버는 사람을 지원해야 하는가

그린 재분배 개념에 대해 이야기하도록 하겠습니다. 이런 의문을 나타내는 사람도 있을 것으로 보입니다. 왜 많이 버는 사람들이 열심히 일하지 않을지도 모르는 사람들과 열심히 배우지 않았을지도 모르는 사람들, 아무것도 발명하지 않은 사람들 그리고 아무것도 하지 않는 사람들에게 그들이 번 것을 재분배해야 합니까?

크루그먼 단적으로 답하자면, "세금은 문명사회의 대가"입니다. 루이스 브랜다이스의 말이라고 생각됩니다만.

그린 제가 알기론 올리버 웬들 홈스의 말입니다.

크루그먼 맞아요. 올리버 웬들 홈스. 어쨌든 세금은 문명사회의 대가입니다.
 우리는 사회 속에서 살고 있습니다. 아무도 '섬'처럼 고립된 사람은 없습니다. 모두가 문명사회의 근본원리를 염두에 둘 필요가 있습니다. 사회 공헌을 의무라고 느껴야 합니다.

"이것은 내 것이다. 나만이 그것을 손에 쥘 권리가 있다"라고 생각하는 것은 잘못된 생각입니다. 물론 근면과 혁신은 보상을 받아야 하며, 우리 사회는 그러한 것에 충분히 보답하고 있습니다.

하지만 이렇게도 생각해야 합니다. 선진국에 살고 있는 것에 감사하자. 여기에는 앞선 인프라가 있고 사회적인 안전망이 있다. 그래서 우리 사회는 누구나 살고 싶어 하는 바람직한 사회를 유지할 수 있는 것이라고요.

부자는 이러한 것을 충당하는 데 돈을 더 낼 수 있기 때문에 부유하지 않은 사람보다 자신의 소득에서 다소 더 큰 몫을 세금으로 부담해야 합니다.

이러한 인프라와 안전망이 존재하지 않는 사회에서 사는 것을 상상해보면 부자증세에 큰 도덕적 의미가 있다는 것을 알 수 있습니다.

일률 과세의 문제는 무엇인가

그린 일률 과세에 대해서는 어떻습니까? 디베이트의 상대는 반드시 이것을 들고 나옵니다. 아서 래퍼는 6.5%(뒤에 나오는 래퍼와의 대화에서는 12%를 제시_옮긴이)로 해야 한다고 주장하고 뉴트 깅리치는 10%라고 합니다. 당신의 의견은 무엇입니까?

크루그먼 계산대로 되지 않습니다. 사회가 필요로 하는 행정 서비스를 일률 과세로 마련하려고 한다면 일률 과세 옹호자들이 결코 인정하고 싶어 하지 않을 만한 높은 세율이 되어버릴 것입니다.

그들은 항상 평범한 중산층 가구가 현재보다 높은 세금을 납부하지 않아도 될 것처럼 보이게 하고 싶어 합니다. 모두 다 잘 될 것이며 고령자 대책도 의료 프로그램도 그들이 주장하는 다른 서비스도 유지할 수 있을 것이라고요.

하지만 실제로는 중산층에게 지금보다 훨씬 더 많은 세금을 내게 하거나 또는 진짜 부유층에 대한 부과 세율을 훨씬 더 높게 하는 누진세를 적용하거나 하지 않으면, 그러한 서비스를 제공할 만한 세수를 확보할 수 없습니다.

그린 적절한 세율에 대한 이야기로 돌아가 보겠습니다. 역시 70~80%로 끌어 올리는 것을 주장하고 있습니까?

크루그먼 최고 세율에 관해서 그렇습니다. 그것은 매우 명확합니다.

그린 최고 수준은 어느 정도일까요? 최고 세율을 적용해야 하는 소득은 어느 정도일까요?

크루그먼 아마 100만 달러 이상일 것입니다. 더 높을지도 모르겠습니다. 계산하지 않고는 정할 수 없습니다. 그러므로 이것은 어떤 의미에서는 탁상공론입니다. 왜냐하면 70~80%로 세율을 올리는 것은 정치적으로 무리일 것이라고 알고 있기 때문입니다.

실제로 물을 수 있는 것은 그 방향으로 다소나마 진행할 수 있는지의 여부입니다. 실제로 계산해보면 수백만 달러쯤 벌고 있는 고소득자의 세율 - 평균 세율이 아니라 한계 세율 - 은 약 70% 전후이어야 한다고 누구나 말하고 싶어질 것입니다.

탄소세를 지지한다

그린 다른 형식의 세금에 대해서는 어떻습니까? 예를 들어 탄소세 경우는요?

크루그먼 지지합니다. 상당한 세수를 만들어 줄 수 있는 점도 탄소세의 장점입니다. 그것이 탄소세 도입의 주목적은 아닙니다만.

그린 실제로 탄소세가 도입될 가능성은 어느 정도라고 생각하십니까? 오바마 대통령은 연두교서에서 기후변화에 대한 대처를 우선과제로 들고 있습니다.

크루그먼 그것이 실현되려면 몇 번의 선거가 필요할 것입니다. 현재

로서는 거의 생각할 수 없습니다. 하원의 세력 판도가 완전히 역전되거나 그렇게 되기 전에 공화당 쪽에서 전향적인 계기를 경험하거나 하지 않으면 무리입니다.

그린 환경 파괴적인 영향과 관련된 뭐 그런 것 말인가요?

크루그먼 그런 일이 없기를 바랍니다. 그렇게 되기 전에 행동할 정도의 지혜를 인류가 가지고 있다고 생각하고 싶습니다.

하지만 아마도 결국에는 탄소세가 도입될 것 같습니다. 언젠가는 탄소를 통제해야 할 것이고 그것을 세수 확대에 이용하는 것도 한 방법입니다. 미국이 어떠한 형태로든 부가가치세를 도입할 가능성도 높다고 생각합니다.

현대 국가의 경영에는 돈이 많이 들기 때문에 더 많은 세입이 필요할 것입니다. 그 모든 것을 부유층에서 취할 수는 없지만 그 일부는 부유층에서 가지고 와야 합니다.

그린 여기 캐나다에서는 소비세를 도입하고 있습니다만, 정치적으로 보아 향후 몇 년 사이에 미국이 부가가치세를 도입할 가능성이 있을까요?

크루그먼 우리가 생각하는 것보다 그날은 가까울 수도 있습니다.

2016년 대선에서 힐러리 클린턴이 얼마나 많은 민주당원을 끌어 모아 승리하느냐가 문제입니다. 그때 가서 얘기할 것입니다.

그린 그녀가 출마한다고 생각하시나요? 그리고 이길 수 있다고 생각하시나요?

크루그먼 모릅니다. 출마 여부에 대해서는 아무것도 내부 정보를 가지고 있지 않습니다. 하지만 출마하면 그녀가 이길 것이라고 생각합니다.

당신은 세금을 더 내고 싶은가

그린 당신 자신에 대해 묻겠습니다. 당신도 틀림없이 고액 소득자 중 한 사람입니다. 노벨상을 비롯해 수많은 업적을 쌓은 편이고요. 당신은 더 많은 세금을 내고 싶습니까?

크루그먼 세금을 더 내는 것을 좋아하지는 않습니다. 기본적으로 제가 주장하는 것은 제 개인 재정에는 불리할 뿐입니다. 우리가 말하는 유형의 일을 추진할 경우에 제게도 타격이 있고 소득은 감소할 것입니다.

하지만 좀 전에 제가 한 말로 돌아가자면 우리는 사회 속에서 살고 있습니다. 저는 바람직하다고 생각하는 사회에서 살고 싶습니다. 그 대가로서 기꺼이 더 많은 세금을 내겠습니다.

그린 말씀 감사합니다.

크루그먼 감사합니다.

4. 래퍼와의 대화

진행: 하워드 그린

모든 소득에 일률적으로 과세하라

모든 소득에 일률적으로 과세하라

그린 방금 폴 크루그먼은 왜 부자에게 증세가 필요한지를 설명했습니다. 다음은 공급 중시 경제학의 아버지이며 로널드 레이건 전 대통령의 경제고문인 아서 래퍼의 이야기를 듣겠습니다. 아서, 어서 오세요.

래퍼 감사합니다. 영광입니다.

세율을 높이면 세수는 준다?

그린 논제는 "부자에게 세금을 더 거둬야 하는가"입니다. 왜 반대하시죠?

래퍼 첫째, 부자는 더 많은 세금을 납부하지 않을 것입니다. 증세하면 오히려 세수가 줄어들 것입니다. 부자는 온갖 종류의 절세 방법을 알고 있습니다. 소득의 총액을 바꾸고 소득의 발생 장소를 바꾸고 소득의 구성을 바꾸고 소득의 발생 시기를 바꿀 수 있습니다.

게다가 그들은 전 세계 변호사와 회계사, 다양한 소득세 전문가와 로비스트를 고용할 수 있습니다. 그러므로 증세 찬성파가 부자로부터 돈을 더 끌어낼 수 있다고 생각한다면 그것은 오산이라고 생각합니다.

미국에서는 지금까지 부자의 세율을 올릴 때마다 세수가 줄었습니다.

그린 규칙을 바꾸면 세금 회피를 포착할 수 있지 않을까요?

래퍼 제가 원하는 것은 그것입니다. 규칙을 근본적으로 바꾸고 싶습니다. 부자에게 세금을 더 거두는 것에는 저도 전적으로 찬성입니다.

그러나 세율을 올리는 것에 의해서가 아닙니다. 공제니 면세니 예외 규정이니 하는 것을 전폐하고 모든 소득에 일률적으로 과세하도록 만드는 것입니다. 그러면 부자도 응분의 세금을 납부할 것입니다.

법인세, 자본세 폐지하고 12% 일률 과세

그린 그 일률 과세는 무엇입니까?

래퍼 제리 브라운이 대선에 나섰을 때 그를 위해 만든 방안이 있습니다. 세율은 약 12%이고, 부가가치세와 조정 전의 총소득에서 개인 소득세만 징수하고, 그 이외의 연방 세금을 폐지하는 것입니다.

법인세, 메디케어와 메디케이드 등에 관한 원천 징수 세금, 자본 소득과 부동산 세금, 관세 등을 모두 폐지하고 싶습니다.

그 모든 것을 전폐하고도 12%의 부가가치세와 12%의 개인 소득세를 징수하면 GDP의 약 24%의 세수를 확보할 수 있습니다. 공기업의 귀속이득, 재산 등 과세 대상에서 누락되는 것도 약간 있습니다만, 생각해 보세요. 세금을 신고할 필요도 없어요! 국세청에 대해 걱정할 필요도 없습니다.

그린 하지만 생활이 그렇게 간단한가요?

래퍼 아니오. 그러나 경제는 간단합니다.

그린 정말요?

래퍼 그래요, 물론입니다. 1986년의 사례를 보세요. 최고 세율을 50%에서 28%로 낮추고 최저 세율은 올렸습니다. 세율 구간을 14단계에서 4단계로 줄였습니다. 지금 이야기하고 있는 것과는 약간 다릅니다만 법인세율은 46%에서 34%로 낮췄습니다. 상원은 이를 97 대 3으로 통과시켰습니다.

그린 그러나 미국은 지금 엄청난 부채를 안고 있습니다.

래퍼 그것은 1986년의 세제 개혁 때문이 아닙니다. 이후의 다양한 실책 탓입니다. 그리고 전쟁 탓이며, 열악한 세제 탓이며, 빈곤 탓입니다. 정부의 경기 부양책은 중과세를 초래했습니다. 누구나 그 지출로 경기가 부양된다고 믿습니다만 저는 정부가 돈을 쓰면 세금만 늘어날 것으로 믿고 있습니다.

나라면 금융위기를 방치했을 것이다

그린 그럼 당신이라면 금융위기에 어떻게 대처했을까요?

래퍼 방치했을 것입니다.

그린 방치라고요?

래퍼 그래요. 자동차 한 대 고장 나지 않았습니다. 건물이 무너진 것도, 사람이 죽은 것도 아닙니다.

그린 경기 부양책 없이 자동차 산업이 살아남을 수 있다고 생각하십니까? 파산했을 것입니다.

래퍼 자동차 산업이 살아남았을지는 알 수 없습니다. 문제는 자동차 산업이 지금과 같은 상태로 생존해야 하는가 하는 것입니다.

그린 그들은 다시 이익을 올리고 있습니다.

래퍼 (조소 같은 웃음)

그린 아닌가요?

래퍼 보조금을 받은 후이죠. 솔린드라(태양광 패널 생산업체. 정부로부터 거액의 대출 보증을 받고나서 파산_옮긴이_)도 언젠가는 그럴지도 모르겠습니다.

그린 (웃음)

래퍼 잘했어! 자동차 관리국, 할 수 있어!

그린 제가 무덤을 팠군요. 세금 이야기로 돌아가겠습니다. 일률 과세는 계산대로 되지 않는다고 폴 크루그먼은 말했습니다.

세금은 더 내야, 그러나 세율은 올리지 않고

래퍼 계산대로 된다는 것을 좀 전에 설명했지요? 당신은 누구를 믿습니까? 그 사람인가요 저인가요? 방금 정확한 숫자를 말씀드렸습니다. 그것은 계산에 근거한 숫자입니다.
　제리 브라운은 그 세제를 가지고 1992년 대선을 목표로 빌 클린턴을 물리치고 민주당 후보가 될 뻔했습니다. 그의 일률 과세 안의 숫자는 제가 계산했습니다. 일률 과세는 공화당만의 주장은 아닙니다.

그린 스티브 포브스의 경우 잘 되지 않았군요.

래퍼 스티브 포브스가 제안한 것은 완전한 일률 과세는 아니었습니다. 단순한 소득세율 단일화입니다. 세제의 일부를 수정하고 나머지를 그대로 두는 식으로는 안 됩니다. 바꾼다면 세제 전체를 바꿔야 합니다.

세제가 조각조각 모여 잡동사니가 되어 있는 것은 큰 문제 중 하나입니다. 그래서 세율을 올리려는 경우 세법을 만지작거리는 것입니다. 완전한 점검이 필요합니다. 세법이 복잡하다는 것이 명백한 문제입니다.

만일 국세청이 조사한다면, 모든 미국인에게서 세금 계산상의 실수가 발견될 것으로 생각됩니다. 그것은 본연의 모습이 아닙니다. 누구나 자신의 세금 신고를 실수 없이 할 수 있어야 합니다.

그리고 기업이 직원의 세금을 모아 내는 식으로 해야 합니다. 고용주가 직원에게 100달러를 지불하게 되어 있다면 그들은 직원에게 88달러를 지불하고 정부에 12달러를 보내면 됩니다. 10달러에 누군가의 잔디를 깎는 경우에도 마찬가지입니다. 1달러 20센트는 납세할 것입니다. 이러한 것의 합계가 바로 그 사람의 소득세이며 그것은 버는 금액에 따라 차별화되어서는 안 됩니다.

그린 소득 불평등 문제, 그리고 부자는 세금을 더 내야 할 것인가라는 문제로 돌아가지요.

래퍼 그들은 더 내야 합니다.

그린 더 내야 한다고요?

래퍼 세율은 올리지 않고요.

그린 절대 조항을 늘리겠다는 것입니까?

모든 소득과 기부금에도 일률 과세

래퍼 한 가지 예를 들겠습니다. 워런 버핏은 《뉴욕 타임스》에 보낸 편지에서 자신은 700만 달러 미만의 세금을 낸다고 썼습니다. 그의 세율은 17.4%이기 때문에 과세 소득은 대략 4,000만 달러입니다. 대단한 금액입니다.

그러나 그해 자본의 평가 이익 형태로 그의 자산은 100억 달러 증가했습니다. 이것은 비과세입니다. 같은 해 빌 앤드 멜린다 게이츠 재단에 16억 달러를 기부했습니다. 즉 버핏의 총소득은 120억 달러 이상이었습니다.

그린 당신은 소득 계산 방법을 바꿔야 한다고 말하고 있군요.

래퍼 그래요. 모든 형태의 소득에 일률적으로 저율의 세금을 부과하는 것입니다.

기부금에 과세하고 내국세법 제501조 C항 3호를 폐지하는 것입니다.

그린 제501조 C항 3호는 무엇입니까?

래퍼 비영리 공익 법인에 면세를 인정하는 조항입니다. 대학, 병원 등 다양한 정부 기관이 이에 해당합니다.

그린 대학이 정부 기관입니까?

래퍼 아니요, 정부 기관을 포함한다는 말입니다. 대학은 당연히 과세할 것입니다. 왜 대학 기부금을 면세해야 합니까?

70%의 최고 세율을 어떻게 생각하는가

그린 1950~1960년대에 미국이 채택한 최고 세율에 대해서는 어떻게 생각합니까? 90% 전후였던 것을 70%까지 낮췄지만, 그래도 꽤 높은 세율입니다. 당시는 미국이 경제적으로 가장 강했던 시대이기도 합니다.

래퍼 그 문제에 관해서는 세 가지 포인트가 있습니다.
첫 번째는 세금을 얼마나 내는가 하는 것입니다. 당시의 납세액은 지금보다 훨씬 소액이었습니다.
두 번째는 세금을 어떻게 징수하는가 하는 것입니다. 당시의 징수율은 지금보다 훨씬 높은 비율이었습니다.

세 번째는 세금을 어떻게 사용할 것인가 하는 것입니다. 이것도 중요합니다. 쉽게 말하면, 일하는 사람에게 세금을 거두어 일하지 않는 사람에게 나누어주면 많은 사람이 일하지 않게 되더라도 놀랄 일이 아닙니다.

이러한 세 가지 내용은 오늘날 우리도 자문할 필요가 있습니다. 존 F. 케네디는 대통령에 취임했을 때 91%였던 최고 세율을 70%로 낮췄습니다. 그는 미국을 정체시키고 있는 것은 세율이라고 아주 정확히 지적했습니다. 덕분에 활발한 60년대가 되었습니다.

그린 세율이 70%였는데요?

래퍼 그래도 91%에서 내려갔습니다. 물론 당시에 12%로 내렸다면 대단했을 것입니다만 케네디는 그렇게 하지 않았습니다. 미국을 괴롭히고 있던 91%의 세율을 고통이 상당히 가벼워지는 70%로 낮췄습니다. 그래서 경제가 급성장했습니다.

그다음은 '4명의 얼간이', 즉 존슨, 닉슨, 포드, 카터 정권입니다. 그들은 세금을 올려 결과적으로 부유층의 세금을 떨어뜨렸습니다. 케네디 정권 하에서 부유층의 세수는 GDP에서 차지하는 비중이 오름세였습니다.

세금을 걷고 싶다면 국민이 세제의 허점을 찾는 대신 확실하게 세금을 낼 수 있게 하는 방법을 생각해야 합니다.

증세는 탈세범을 만든다?

그린 인센티브 측면을 논하는 사람도 많습니다. 세금을 올리면 노동 의욕이 사라진다고요.

하지만 제가 틀렸으면 말씀해 주십시오. 부유한 사람이나 회사를 경영하는 사람들은 대부분이 지구상에서 가장 노동 의욕이 강한 사람들이 아닙니까?

그들의 인센티브는 그들 자신의 내부에서 나옵니다. 그들을 내모는 것은 그들 자신입니다. 그들은 뭔가를 증명하고 싶어 합니다.

래퍼 경쟁심도 강하지요.

그린 수입이 줄어들지도 모릅니다.

래퍼 그래요, 그럴지도 모릅니다. 그러나 더 버는 방법을 찾아내면, 그들은 달려들 것입니다. 그것이 문제입니다. 그들은 머리가 좋고, 변호사를 고용할 수도 있습니다.

그린 그들에게 세금을 더 거둔다면 그들이 업무량을 줄일까요?

래퍼 그들이 일을 적게 하리라고는 생각하지 않습니다. 이것은 그들이 일을 많이 하느냐 적게 하느냐 하는 문제가 아닙니다.

일자리를 창출하는 사람들에게 고율의 세금을 부과하면, 그들이 더 많은 일자리를 창출할 것이라고 생각하십니까? 아닙니다!

그린 하지만 그들은 뭔가를 증명하려고 합니다. 자신만의 목표를 달성하고 싶은 욕구가 있습니다. 자신을 내몰 것입니다.

래퍼 사람들은 어떤 식이든 다 해볼 것입니다. 하지만 말해둘 것은 누구든 세금은 피하려 할 것입니다. 그리고 그렇게 하기 위해 극단적으로 될 것입니다. 증세는 탈세범을 만드는 것일지도 모릅니다. 저는 그렇게 하지 않을 것입니다.

제 생각에 부자는 절세가 아니라 비즈니스에 집중해 주었으면 합니다. 그것이 제가 낮은 일률 과세를 선호하는 이유입니다. 그들이 일에 집중하고, 저렴하고 좋은 제품을 만들 수 있도록 해주자는 것입니다.

불평등의 해소는 고용 창출로

그린 제가 코너에 몰렸군요. 좀 빠져 나오겠습니다. 일률 과세가 제안된 적은 잠시 있지만 채택되지는 않았습니다.

래퍼 무슨 말씀을요. 도처에서 사용되고 있습니다.

그린 미국의 소득세에는 적용되지 않았지요.

래퍼 매사추세츠 주에서 일률 과세가 채택되고 있습니다. 러시아와 홍콩에서도 …….

그린 캐나다에서는 채택하지 않았고, 미국도 연방정부 차원에서는 채택하지 않았지요?

래퍼 그래요, 맞습니다. 그러나 그 방향으로 접근하고 있고 …….

그린 잠시만요. 일률 과세를 하게 되면 소득 불평등은 어떻게 줄일 수 있나요?

래퍼 고용을 창출하는 것에 의해서입니다. "우수한 고임금의 일자리야말로 최선의 복지 형태"라고 케네디는 말했습니다. 벤저민 훅스의 말도 좋아합니다. "흑인은 마지막으로 고용되고 가장 먼저 해고된다." 흑인이 실업자가 되지 않도록 하려면 전원이 고용될 만큼 많은 일자리가 있어야 합니다.
    경제성장과 번영을 대신할 수 있는 것은 아무것도 없습니다. 당신은 소득 불평등을 제로로 하고 싶을지 모르지만, 전 그렇게 생각하지 않습니다. 비록 어떤 사람이 다른 사람들보다 조금 더 부유할지라도 전체적으로 더 부유해지는 것이 더 좋습니다.

    일자리를 창출하고, 가난한 사람을 줄이는 것, 그것이 제 꿈입니다. 문제는 부자들에게 있는 것이 아닙니다. 문제는 빈곤에 있습니다. 저는 가난한 사람들이 부자가 되는 것을 보고 싶습니다.

그린 그렇지만 트리클다운 경제이론으로 알려진 레이거노믹스는 낙수효과가 거의 없었다고 비판되고 있습니다.

래퍼 그것은 전혀 옳지 않습니다. 5분위로 나누어 모든 계층에서 소득이 올라갔습니다. 글쎄, 증가율에는 차이가 있었습니다만.

    그러나 지니 계수(소득 불균형 상태를 나타내는 계수. 0에서 1 사이의 수치로 표시되며, 격차가 작은 평등한 사회일수록 0에 가깝고 격차가 큰 불평등한 사회일수록 1에 가깝다. 이탈리아 통계학자 코라도 지니가 고안했다_옮긴이)로 본 소득 분배에 진정한 변화가 나타난 것은 성장기의 시작이 아니라, 1980년대 후반이었습니다. 1982년부터 1985년에 걸쳐 미국 경제는 크게 성장했지만, 소득 분배가 변화한 것은 훨씬 나중이었습니다. 그것은 클린턴 정권 하(1993~2001)에서였다고 하겠습니다. 덧붙여서 저는 클린턴에게 두 번이나 표를 주었습니다.

그린 전에 어디선가 읽었습니다. 그러나 만일 세법이 변하지 않고 미국이 경기 침체 상태에서 큰 적자와 부채를 계속 안고 가게 되면 인프라의 변화에 필요한 돈을 어떻게 지출할 것입니까? 고령화 대책의 비용과 의료 비용을 어떻게 마련할 것입니까?

필요한 정책은 경제성장이 필수

래퍼 정말로 어렵습니다. 지출할 여유가 없는 데 어떻게 지출합니까? 그것이 문제입니다. 저로서는 국민 소득이 신장되어 이러한 것을 조달할 수 있다면 좋겠습니다. 그렇지만 당신이 소득이 변하지 않는다고 말한다면 어떻게 이러한 것을 조달할 수 있겠습니까? 불가능합니다!

그린 제가 그렇게 말하는 것이 아니라 그럴 경우를 묻고 있는 것입니다.

래퍼 그래요, 질문은 이해하고 있습니다. 문제는 말이죠, 당신이 말하고 있는 것 같은 시책에 자금을 조달하려면 경제성장이 중요하다는 것입니다.

어떻게 가난한 나라가 고급 의료를 조달할 수 있습니까? 어떻게 가난한 나라가 인프라를 조달할 수 있습니까? 무리입니다. 필요한 것은 번영을 창출하는 것입니다.

　정부가 시민에 대해 범하는 가장 파렴치한 행위는 생산 기반을 파괴하는 데 영향을 미치는 정책을 수행하는 것입니다.

그린 사회 불안이 일어날 가능성에 대한 우려는 없습니까?

래퍼 이미 사회 불안이 일어나고 있습니다.

그린 그러나 소득 불평등 때문에 더욱 사회 불안이 조장될지도 모릅니다.

래퍼 아니요, 경제성장은 사회 불안을 줄일 수 있습니다. 레이건 정권 하의 미국에서 폭동이 얼마나 발생했습니까? 대규모 폭동은 제로였습니다. 그 뒤를 이은 네 명의 대통령 시대는 어떻습니까? 여러 번 일어났습니다.

　사람은 좋은 직업이 있을 때, 빈둥거리거나 폭동을 일으킬 마음이 없습니다.

낮은 일률 과세에 부자도 응분의 부담을 질 것이다

그린 대처 정권 하의 영국에서 폭동이 있었습니다.

래퍼 사실입니다. 진실에는 항상 예외가 있습니다.

그린 (웃음)

래퍼 농담입니다. 당신 말이 맞습니다. 그러나 카메론(영국 총리)을 보세요. 이 이야기를 하기에 영국은 좋은 예입니다.

그는 정권을 잡자 최고 세율을 40%에서 50%로 올려놓았습니다. 그래서 어떻게 되었습니까? 더블 딥의 경기 침체를 초래해 세수도 늘릴 수 없었습니다. 증세하면 바로 이런 일이 발생합니다.

프랑스 올랑드 대통령이 좋은 결과를 낼 수 있다고 생각하십니까? 저는 그렇게 생각하지 않습니다. 실패한다에 내기를 걸어도 좋습니다. 그들은 앞날이 깜깜합니다. 개혁자는 될지 몰라도 실제로는 많은 피해를 주고 있습니다.

그린 귀국의 유명한 대법관 올리버 웬들 홈스는 "세금은 문명사회의 대가다"라는 명언을 남기고 있습니다만?

래퍼 그는 훌륭한 사람이었습니다. 저는 조세에 반대하지 않습니다. 다만 사람들이 세금을 회피하고 싶어 할 정도의 높은 세율은 반대합니다. 좋은 세제를 만들기 위해서는 국민이 아주 대단히 자발적으로 납세하고 싶어지게끔 하지 않으면 안 됩니다.

세법이 부당하고 불공정하다고 생각되면 그들은 그 허점을 찾으려고 할 것입니다. 쥐어 짜이고 싶지 않다는 생각이 앞서서 아무도 '문명사회의 대가'를 지불하려고 하지 않을 것입니다.

그런데 지금 정부는 사람들로부터 돈을 쥐어짜는 식의 세법을 만들고 있습니다. 그것이 문제입니다. 낮은 일률 과세를 도입하면 사람들은 자신들이 응분의 부담을 져야 한다고 인식합니다. 저는 부자가 내는 세금이 지금보다 훨씬 늘어나도 상관없다고 생각합니다.

앞서 말한 것처럼 워런 버핏에게 12%의 일률 과세를 적용하면 세액은 600만 달러가 아니라 14억 달러가 될 것입니다. 그의 실효 세율은 단지 0.06%에 불과해 이것으로는 정당하다고 말할 수 없습니다. 하지만 그렇게 된 원인은 세율이 충분히 높지 않은 데 있는 것이 아니라 과세 범위가 충분히 넓지 않은 데 있습니다.

그래서 적절히 세제를 정비하자는 것입니다. 그에 따라 필요한 세수를 확보하면 정부가 제대로 기능을 발휘하고, 문명사회를 구축할 수 있습니다. 저는 정부가 민간보다 더 잘하는 한, 정부의 시책이나 서비스를 지지합니다.

정부는 낮은 일률 과세의 도입, 세출 억제, 통화 건전성 유지, 자유 무역의 추진, 규제의 최소화 등을 위해 노력해야 합니다. 그럴 수 없는 경우, 정부는 퇴장하고 국민에게 스스로 문제를 해결하도록 해야 합니다.

그린 다시 얘기를 들을 수 있어서 좋았습니다.

래퍼 감사합니다. 다시 얘기하게 되어 저도 즐거웠습니다.

그린 감사합니다. 로널드 레이건 전 미국 대통령의 경제고문 아서 래퍼 씨였습니다.

감사의 말

멍크 디베이트는 시민 정신이 투철한 개인과 조직들로 구성된 비범한 단체가 공익을 위한 생각에서 만들어낸 것이다.

무엇보다도 오리아 재단의 비전과 리더십이 없었다면 이 디베이트는 불가능했을 것이다. 피터 멍크와 멜라니 멍크에 의해 2006년에 설립된 오리아 재단은 공공 정책 연구 및 개발에 종사하는 캐나다의 개인과 단체를 지원하고 있다. 멍크 디베이트는 재단의 대표적인 행사이며, 세계에 통용되는 중요한 공공 정책 토론을 육성하려고 하는 캐나다인에게는 하나의 모범적인 사례다.

2008년에 시작한 이래 재단은 반년마다 개최되는 디베이트의 모든 비용을 부담해왔다. 재단 이사회의 정보 제공 및 조언 또한 디베이트에 큰 도움이 되었다. 이사회의 일원인 마크 카메론, 앤드루 코인, 데번 크로스, 앨런 고틀립, 조지 조너스, 마거릿 맥밀런, 앤서니 멍크, 제니스 스타인에게 감사드린다.

이 책의 편집에 공헌한 제인 맥휘니에게 디베이트의 주최 측으로서 감사를 드리고 싶다.

멍크 디베이트는 출범 이후 매번 토론 모습을 캐나다 국내외에 보도하려고 노력해왔다. 그 점에서 캐나다의 전국일간지 《글로브 앤 메일》과의 제휴 관계 및 존 스택하우스 편집장의 조언은 헤아릴 수 없는 힘이 되었다.

하우스 오브 어낸시 출판사는 이 멋진 책을 간행함으로써 이번 디베이트를 캐나다 국내외의 새로운 독자들에게 전달하는 데 일조하고 있다. 출판사는 이 책을 세상에 알리려는 열정과 구어체의 디베이트를 설득력 있는 지적 문장으로 바꿔주는 식견을 보여 주었다. 스콧 그리핀 회장과 사라 맥라클런 사장 겸 발행인에게 감사드린다.

디베이트 참가자 소개

폴 크루그먼은 미국의 경제학자이며《뉴욕 타임스》의 저명한 칼럼니스트이다. 국제무역과 경제지리학에 관한 독창적인 연구로 2008년 노벨 경제학상을 수상했다. 뿐만 아니라 경제 관련 미디어로부터 널리 인정을 받아 국제무역에 관한 연구로 존 베이츠 클라크 상을, 비평에 주는 2011년 제럴드 로브 상을 받는 등 여러 권위 있는 상을 수상했다. 외교 전문 격월간지《포린 폴리시》는 그를 2012년 '세계 100대 사상가'에 선정했다. 지금까지 200개 이상의 학술 논문과 20권의 책을 발표했다. 최근의 책으로는『지금 당장 이 불황을 끝내라!(End This Depression Now!)』가 있다. 프린스턴 대학교에서 경제학과 국제관계론을 가르치며 런던정경대학교 경제학 교수도 겸임하고 있다.

게오르기오스 파판드레우는 2009~2011년에 그리스의 총리를 지냈다. 지금은 사회주의 인터내셔널 의장이다. 2010년 그리스 최악의 해에 최선의 대처를 한 것으로《포린 폴리시》는 그를 '세계 100

대 사상가'에 선정했다. 1999~2004년에는 외무부 장관을 역임하면서 터키가 유럽연합 후보국이 된 1999년과 키프로스가 유럽연합에 가입한 2004년에 외교 협상의 핵심 참가자로 활약했다. 그 이전에도 문화부 차관과 교육부 장관을 역임했다. 할아버지 게오르기오스 파판드레우, 아버지 안드레아스 파판드레우에 이어 3대가 그리스의 총리를 했다.

뉴트 깅리치는 전 미국 하원의장이며 《뉴욕 타임스》가 선정한 베스트셀러 작가, 《타임》지의 1995년 '올해의 인물'이다. 《워싱턴 타임스》에서 "없어서는 안 될 리더"로 선정했다. 그는 정책 강령 '미국과의 계약'을 설계하고, 1994년 중간선거에서 공화당을 승리로 이끌어 40년 만에 하원의 다수당 자리를 차지하는 데 일조했다. 그가 하원의장으로 있을 당시 미 의회는 복지 개혁과 거의 1세대 만의 균형 예산, 그리고 16년 만의 감세 법안을 통과시켰다.

깅리치는 14권의 픽션 및 논픽션 부문 《뉴욕 타임스》 베스트셀러를 포함해 24권의 책을 썼다. 최근의 논픽션 저서로는 『어떤 나라와도 닮지 않은 나라: 왜 미국 예외주의가 문제인가(A Nation Like No Other: Why American Exceptionalism Matters)』가 있다. 애틀랜타와 워싱턴에 있는 컨설팅 회사 깅리치 그룹의 회장이고 국방 정책 위원회 소속이며 외교 문제 평의회의 테러리즘 태스크 포스의 구성원이기도 하다. '미래의 승리를 위한 미국의 해법'과 '건강관리 전

환 센터' 등 정책 싱크탱크의 설립자이자 회장을 역임했다.

아서 래퍼는 '공급 중시 경제학의 아버지'로 알려져 있다. 로널드 레이건 정권 하에서 2기(1981~1989)에 걸쳐 경제고문을 역임했고, 레이건-부시 금융위원회의 구성원이었으며, 마거릿 대처 영국 총리의 재정 정책에 대해서도 조언했다. 1978년에는 캘리포니아의 '주민 발의안 13'(고정 자산세 과세 권한을 축소하는 법안)에 관여해 재산세의 대폭적인 감세를 실현했다. 이것은 그가 공공 정책 수립에 성공한 초기의 사례다.

『번영의 종말: 증세가 어떻게 경제를 죽이는가(The End of Prosperity: How Higher Taxes Will Doom the Economy - If We Let It Happen)』의 공저자인 래퍼 박사는 세율과 세수의 관계를 나타낸 래퍼 곡선의 제창자로서, 《타임》지가 선정한 '20세기의 가장 위대한 인물'에 뽑혔다. 《로스앤젤레스 타임스》가 선정한 '80년대를 만든 12인'과 《월스트리트 저널》이 선정한 '일상의 비즈니스에 영향을 준 가장 위대한 사람들'에도 이름을 올렸다.

래퍼는 페퍼다인 대학, 서던 캘리포니아 대학, 시카고 대학의 교수이기도 하다. 그가 설립자이자 회장으로 있는 경제 조사 컨설팅 회사인 래퍼 어소시에이츠는 국제 금융 시장에 영향을 미치는 거시 경제학적, 정치적, 인구학적 변화에 초점을 맞추고 있다.

디베이트 사회자 소개

러디어드 그리피스는 멍크 디베이트의 기획자 겸 사회자이다. 2006년 《글로브 앤 메일》이 선정한 캐나다의 '40세 미만의 상위 40인'에 이름을 올렸다. 역사와 정치, 국제 정세에 관한 책 13권의 편집자이다. 저서 『우리는 누구인가: 시민의 매니페스토(Who We Are: A Citizen's Manifesto)』는 《글로브 앤 메일》이 2009년 최고의 도서로 선정했으며, 쇼네시 코헨 상 최종 후보작에 올랐다.

멍크 디베이트에 대해

멍크 디베이트는 캐나다 최고의 공공 정책 토론 행사다. 반년마다 개최되는 이 디베이트는 일류 사상가들이 세계와 캐나다가 직면한 주요 공공 정책 과제에 대해 논의하는 국제적인 포럼이다. 각각의 디베이트는 방청객을 앞에 두고 토론토에서 진행되며 그 과정은 캐나다 국내외의 미디어에 의해 중계된다.

최근 참가자로는 로버트 벨, 토니 블레어, 존 볼튼, 이언 브레머, 다니엘 콩 방디, 폴 콜리어, 하워드 딘, 에르난도 데 소토, 가레스 에번스, 미아 패로, 니얼 퍼거슨, 윌리엄 프리스트, 데이비드 그래처, 릭 힐리어, 크리스토퍼 히친스, 리처드 홀브룩, 요제프 요페, 헨리 키신저, 찰스 크라우타머, 폴 크루그먼, 나이젤 로슨, 스티븐 루이스, 데이비드 리, 비외른 롬보르, 피터 만델슨, 엘리자베스 메이, 조지 몬비어트, 담비사 모요, 발리 나스르, 사만다 파워, 데이비드 로젠버그, 로렌스 서머스, 아모스 야들린, 파리드 자카리아 등이 있다.

멍크 디베이트를 주최하는 오리아 재단은 자선 사업가인 피터 멍크와 멜라니 멍크 부부가 공공 정책 연구와 토론을 장려하기 위해 2006년에 설립한 자선 단체이다(자세한 정보는 www.munkdebates.com 참조).

인터뷰 소개

하워드 그린이 진행한 뉴트 깅리치, 폴 크루그먼, 아서 래퍼와의 대화는 2013년 5월 31일에 녹음, BNN의 '하워드 그린과 헤드라인'에서 방송되었다. 인터뷰 프로듀서는 제나 오리즈니크이다. 글의 전재를 허락해 준 BNN에 진심으로 감사를 표한다.

뉴트 깅리치와의 대화(진행: 하워드 그린)

Copyright 2013 TBC. Transcribed by Maria Lioutaia.

폴 크루그먼과의 대화(진행: 하워드 그린)

Copyright 2013 TBC. Transcribed by Maria Lioutaia.

아서 래퍼와의 대화(진행: 하워드 그린)

Copyright 2013 TBC. Transcribed by Maria Lioutaia.

옮긴이의 말

정부가 새해 벽두부터 담뱃값을 2,000원씩 올렸다. 담뱃값이 싸서 흡연율이 높으니 국민의 건강을 위해서는 담뱃값 인상이 불가피한 선택이라고 말하지만 속내는 세수 확충을 위한 꼼수임이 자명하다. 인상된 가격 4,500원을 기준으로 하면 그중 3,300원 가량이 세금이다. 가령 하루에 한 갑을 피우는 사람은 1년에 120만 원의 세금을 내는 셈인데, 이는 9억 원대 아파트를 가진 사람이 내는 재산세에 맞먹는 수준이라고 한다. 정부로서는 조세 저항 없이 2조 8,300억 원 정도의 세수를 늘릴 수 있게 되었다. 이러한 간접세는 서민일수록 부담이 크기 때문에 명백한 '서민 증세'라고 반발하지만 이 정도의 저항은 담배연기처럼 힘없이 수그러들었다. 그다음엔 바뀐 연말정산 사태로 정부의 주장과 달리 세 부담이 증가한 봉급자들의 '13월의 분노'가 또 한 번 폭발했다. 자꾸 이러는 근원이 무엇일까.

서민 증세 하는 한국, 부자증세 하는 국제사회

바다 건너의 나라들은 서민의 주머니를 털어가는 이 나라와는 분위기가 사뭇 다르다. 미국의 오바마 대통령은 부시의 감세정책이 종료되자 전 소득계층의 98%에 대해서는 감세 혜택을 연장해주되 상위 2%에 대해서는 이를 종료해 이 계층의 소득세율을 35%에서 39.6%로 올리는 부자증세를 단행했다. 또한 연소득 100만 달러 이상인 슈퍼리치에게 최소 30% 이상의 세금을 물리는 공정분배세, 일명 버핏세 도입을 추진하고 있다. 프랑스의 올랑드 대통령은 최고 세율을 41%에서 45%로 올리고 100만 유로 이상의 고소득자에게 2년 동안 최고 75%의 부유세를 부과했다. 일본도 고소득자에게 적용하는 소득세 최고 세율을 40%에서 45%로 올렸다(한겨레 2013.8.20).

이러한 추세를 확인이라도 해주듯 최근 경제협력개발기구(OECD)는 경제성장의 최대 걸림돌로 소득 불평등을 지목하는 동시에, 안정적이고 지속적인 경제성장을 위해선 부자증세 등 정부의 적극적 재분배 정책이 필요하다는 보고서를 내놨다. 이 보고서에 따르면, 특히 최고 세율 인상, 각종 비과세·감면 축소 등을 통해 부유층의 세부담을 늘리고 부유층의 소득 비중이 큰 자본소득에 대한 과세를 강화해야 한다고 주장했다(한겨레 2014.12.10). 『21세기 자본』의 저자 토마 피케티도 소득 불평등 해소를 위한 해법으로 교육에 대한 투자와 누진세 정책에 의한 재분배를 제시했다.

소득 불평등과 부자감세 그리고 증세 없는 복지
최근에 우리나라도 소득 불평등 또는 양극화의 민낯을 보여주는 자료들이 속속 공개되었다. 2012년 말 현재 소득 상위 10% 인구가 전체 소득의 44.87%를 차지하며(OECD 활용자료), 성인인구 하위 70%의 소득은 18.87%로 상위 10% 소득의 절반에도 못 미친다(김낙년 교수 논문). 배당소득 전체 11조 3,000여억 원 가운데 93.5%를 상위 10%가 가져가고, 이자소득 전체 24조 9,000억 원 가운데 90.6%를 상위 10%가 가져갔다(한겨레 2014.10.8). 2013년 현재 개인 소유 부동산 가치는 총 3,151조 원으로 상위 10%가 46.1%를 보유하고 있고, 기업 부동산 가치는 총 1,199조 원으로 상위 1% 기업(1,462개)이 76%를 보유하고 있다. 이처럼 소득 불평등과 양극화가 심각하다.

그럼에도 불구하고 이명박 정부는 부자감세를 단행해 법인세율을 3~5%포인트 내려주고 소득세율을 2%포인트씩 내렸다. 국민 정서를 감안해 소득세 최고 세율은 38%에서 인하를 유예했지만 실효세율은 28.1%에 머물고 있다. 무분별한 비과세·감면으로 법인세의 법적 최고 세율은 22%인데도 실효 세율은 17.9%에 불과하다(한겨레 2014.9.15). 이에 따라 2008년부터 2012년까지 총 63조 원의 세수가 감소했다. 이 가운데 31조 원은 고소득층 및 대기업에게 혜택이 갔다(2012년 기획재정부의 국회 설명자료).

이런 기조는 박근혜 정부에서도 지속되고 있다. 이 정부는 현실성 없는 정책을 모순어법으로 포장해 탄생했다. 총선과 대선을 앞둔 2011년 한 설문조사에 의하면, 응답자의 76.4%가 '세금을 늘리지 않고 지금 예산에서 복지비용을 늘려야 한다'고 답한 반면 증세를 찬성하는 응답자는 20.9%에 그쳤다(서울경제 2011.8.1). 이런 국민의 심리를 정확히 꿰뚫어보고 '야합'한 작품이 바로 '증세 없는 복지'다. 박근혜 대통령은 대선 당시 복지를 대폭 확대하되 증세는 하지 않겠다고 약속했다. 이러한 약속은 '모든 노인에게 20만 원 기초연금 지급' 공약, 4대 중증질환 의료비 보장 공약을 대폭 후퇴시키며 삐걱거리더니 급기야 담뱃값 인상, 무상보육 예산 파동, 주민세·자동차세 등 지방세 인상을 추진하면서 사실상 파기되었다. 公約은 空約이다, 정부가 국민에게 거짓말을 했다는 말이 나오는 이유다.

복지 재원 확충과 소득 재분배를 위한 증세

재정이 확충되지 않은 상태에서 선거를 위한 복지를 확대하다 보니 정부가 계속 무리수를 두고 있다. 하지만 우리 국민들도 보편적 복지 체험을 통해 복지의 필요성에 대해 절감하고 있는 것도 현실이다. 우리나라의 복지지출 수준(9.3%)은 OECD 평균(21.8%)의 절반에 못 미치는데도 조세부담률(19.8%)은 OECD 평균(25.0%)보다 낮다. 따라서 조세부담률을 높여 세수를 올리고 급속한 노령화에 따른 복지수요에 대비해야 한다. 또한 조세의 가장 큰 기능이라 할 수 있는 소득 재분배의 효과를 제대로 발휘하기 위해서는 주먹구구식의 간접세 증세가 아니라 개인의 소득이나 기업의 이익 수준에 따라 세율이 적용되는 소득세와 법인세, 즉 직접세 중심의 증세가 이루어져야 한다는 것이 전문가들의 주장이다.

우리나라 소득세 비중은 국내총생산(GDP)의 3.8%로 OECD 평균 8.5%의 절반에도 못 미친다. 소득세는 국세에서 차지하는 비중이 23.7%로 부가가치세 다음으로 크지만, 선진국에 비해 상대적으로 적게 내고 있기 때문에 증세 필요성이 높다. 한편 우리나라 증세 논쟁의 중심에는 법인세가 있다. 법인세는 국세의 21.8%를 차지해 세 번째로 큰 세수이며, 그 비중은 GDP의 4%로 OECD 평균 3%보다 높지만 법인세와 사회보장기여금 사업주 몫을 합한 '기업 부담'(6.6%)은 국제수준(8.2%)보다 낮다(한겨레 2014.11.13.). 법인세 인상의 여력이 있다는 지적이다. 이명박 정부가 낮춘 법인세 최고 세율을 원상복구할 것인가, 비과세·감면을 축소해 법인세 실효 세율을 올릴 것인가 하는 문제가 대두되었는데 정치권에선 일단 후자를 선택한 것 같다. 법인세 인상 논의가 불가피해 보인다.

부자가 절대 천국에 못 갈 이유가 있는가

경제의 문외한이 주제넘은 이야기로 과욕을 부린 것은, 보수와 진보의 대표적인 거장들이 벌인 불평등에 관한 논쟁을 엮은 이 책의 논제인 '부자에게 세금을 더 거둬야 하는가'라는 문제를 우리 입장에서 이해하는 데 도움이 되었으면 해서다. 이 논쟁이 미국을 대상으로 하고 있지만 이미 이 논제는 글로벌한 주제가 되었기 때문에 우리와도 결코 무관하지 않고 복지 재원이 절실해진 현시점에서는 더욱더 그러하므로 국가 정책 설정이나 민주적 의사 수렴과정을 위해서도 이러한 논쟁이 활발히 전개되었으면 좋겠다.

　이 논쟁 중에 언급되기도 했지만, 미국의 최고 부자이며 기부 활동을 활발히 하는 워런 버핏과 빌 게이츠는 부자들의 세금을 더 올리자는 소위 '버핏세'를 주장해 오바마가 도입을 추진했고 '채권왕' 빌 그로스는 "노동으로 돈을 버는 사람보다 자신처럼 자본으로 돈을 버는 사람이 더 부유하다는 사실이 죄책감을 느끼게 한다"며 자본에 대한 과세가 노동에 대한 과세보다 낮은 시대는 이제 끝내야 한다고 촉구했다(이데일리 2013.11.2). 독일에서는 '자본과세를 위한 부자들' 회원 50명이 메르켈 총리에게 보내는 성명서를 통해 갈수록 심각해지는 빈부격차를 해소하기 위해 자신들에게 더 많은 세금을 거둘 것을 촉구했다.

　최근에 발표된 한국의 10대 부자를 보면, 1. 이건희 삼성전자 회장, 2. 이재용 삼성전자 부회장, 3. 서경배 아모레퍼시픽 회장, 4. 정몽구 현대자동차 회장, 5. 정의선 현대자동차 부회장, 6. 최태원 SK회장, 7. 김범수 다음카카오 의장, 8. 신창재 교보생명보험 회장, 9. 이부진 호텔신라 사장, 10. 이서현 제일모직 사장 순이다. 이들 중에서 워런 버핏처럼 부자의 세금을 더 올려달라고 선언할 사람이 나타날 수 있을까.

　어떤 부자 청년이 예수를 찾아와 무슨 선한 일을 해야 영생을 얻을 수 있는지 물었다. 예수가 이르길 "가서 네 소유를 팔아 가난한 자들에게 주라" 하니 청년이 이 말을 듣고 근심하며 갔다. 예수가 제자들에게 이르되 "낙타가 바늘귀로 들어가는 것이 부자가 천국에 들어가는 것보다 쉬우니라" 하였다.

  평화학·여성학 연구자 정희진 선생이 이렇게 썼다. "천국이 따로 없다. 죽은 다음은 모르겠고 생전에 어느 정도의 복지가 실현되면 그게 천국이다. 싸고 편리한 도시 가스가 전국에 공급되고, 노숙인들이 동사하지 않고, 끼니가 서러운 이들이 없었으면 좋겠다. 국가가 부자들에게 천당행 티켓(세금)을 팔면 되지 않을까. 그러면 부자도 낙타와 경쟁하지 않고 천당에 갈 수 있다. 저렴해도 충분하다. 그 돈으로 가난한 이들에게, 지금 여기에 천국을."

  2015년 새해 첫 달에 묻는다. 부자가 절대 천국에 못 갈 이유가 있는가.

2015년 1월
양상모